U0582752

我国农村居民
新农保参保行为的
实证研究

张 琪◎著

经济管理出版社
ECONOMY & MANAGEMENT PUBLISHING HOUSE

图书在版编目（CIP）数据

我国农村居民新农保参保行为的实证研究 ／ 张琪著.
北京 ： 经济管理出版社，2024. -- ISBN 978-7-5096
-9831-0

Ⅰ. F842.67

中国国家版本馆 CIP 数据核字第 2024B4H081 号

组稿编辑：谢　妙
责任编辑：谢　妙
责任印制：许　艳
责任校对：蔡晓臻

出版发行：经济管理出版社
　　　　　（北京市海淀区北蜂窝 8 号中雅大厦 A 座 11 层　100038）
网　　址：www. E-mp. com. cn
电　　话：（010）51915602
印　　刷：北京晨旭印刷厂
经　　销：新华书店
开　　本：720mm×1000mm/16
印　　张：11.5
字　　数：149 千字
版　　次：2024 年 9 月第 1 版　　2024 年 9 月第 1 次印刷
书　　号：ISBN 978-7-5096-9831-0
定　　价：78.00 元

·版权所有　翻印必究·

凡购本社图书，如有印装错误，由本社发行部负责调换。
联系地址：北京市海淀区北蜂窝 8 号中雅大厦 11 层
电话：（010）68022974　　邮编：100038

前　言

　　"十四五"时期，我国经济社会发展的主要目标之一是健全养老保险制度体系，促进基本养老保险基金长期平衡，基本养老保险参保率提高到95%。作为基本养老保险制度的重要组成部分，城乡居民基本养老保险制度的出现不仅填补了养老保险制度的最后一块空白，而且为实现共同富裕提供了制度保障。目前，我国养老保险制度包括城镇职工基本养老保险制度和城乡居民基本养老保险制度，后者是新型农村社会养老保险（以下简称新农保）制度和城镇居民社会养老保险（以下简称城居保）制度合并实施之后的统称。截至2021年11月底，全国城乡居民基本养老保险参保人数已超5.47亿，其中95%是农村居民，说明城乡居民基本养老保险的主要参与者仍是农村居民，因此，掌握新农保制度的实施情况有利于了解该项制度的推行情况。

　　本书基于2010~2022年度《人力资源和社会保障事业发展统计公报》中关于城乡居民基本养老保险制度的实施情况和两个调研案例，了解到农村居民新农保参保行为存在"高参保率、低缴费档次"，以及缴费档次的选择比较集中的现象。如果农村居民选择低的缴费档次，不仅意味着到龄后可领取的养老金较少、享受的养老保障水平偏低，进而无法满足老年生活所需，而且在老龄化程度日益加深的背景下会使养老金收支失衡，从而对制度的可持续发展产生影响。为此，本书对农村居民新农保参保行为，即农村居民是否参保和农村居民缴费档次的选择进行了系统性分析，探讨了农村居民缴费档次的选择为何如出一辙，且更偏好较低缴费档次的原因。

首先，本书依据生命周期假说（Life-Cycle Hypothesis，LCH）和世代交叠（Overlapping Generation，OLG）模型将养老模式划分为三种：一是个人储蓄养老模式，理论基础为典型的生命周期假说；二是养儿防老模式，即家庭代际转移，理论基础为世代交叠模型；三是社会化养老保障模式，即社会代际转移，理论基础为世代交叠模型。受传统养儿防老思想影响的农村居民，在面对新农保这种新型的养老保险制度时，会产生从养儿防老向社会化养老的养老保障模式转换问题。其次，本书指出我国农村存在养儿防老观念短期难以改变、农村居民居住环境固定且文化水平有限、城镇化率逐年提高、农村居民收入水平较低且收入稳定性差四个现实情况，认为生命周期假说赖以成立的三个条件（个人完全理性、不存在不确定性、不存在流动性约束）在我国农村难以全部被满足，从而导致农村居民新农保参保行为往往表现为有限理性，据此对影响农村居民新农保参保行为的因素做出四个基本判断：一是农村居民新农保参保行为可能受从众效应的影响，具体表现为"别人参加，我就参加；别人交多少，我就交多少"。二是农村居民新农保参保行为可能受城镇化率的影响。我国是典型的城乡二元结构体制，随着城镇化率的提高，农村居民外出就业机会增加，可获得的信息量也更多，其养老观念也可能受到城镇居民依靠社会养老保险养老的示范效应的影响。三是收入会影响农村居民新农保参保行为，收入越高，农村居民越可能参保，也越可能选择高的缴费档次。四是年龄对农村居民新农保参保行为产生影响。一般而言，年龄越大，参保意愿越强烈，为了满足老年生活所需，会更倾向于选择高的缴费档次。最后，由于城乡居民养老观念存在显著差异，由此笔者判断，即使面对同一种养老保险制度，城乡居民的参保行为也可能有所不同。

本书将农村居民是否参保作为二元选择变量，在实证分析中分别建立了 Probit 模型和 Logit 模型对其进行研究。农村居民缴费档次的选择为有序变量，为克服样本自选择问题，本书使用了 Heckoprobit 模型对其进行研究。结果表明：①从众效应对农村居民是否参保以及参保农民缴费档次的选择都有显著的正向影响。上一期参照组平均参保率越高，农村居民越倾向于参保；上一期参照组缴费额的众数越大，参保人员选择更高缴费档次的概率越大，说明农村居民在做出参保决策时会存在从众心理，本书的第一个基本判断得以验证。②城镇化率越高的地区，农村居民选择更高缴费档次的概率越大，第二个基本判断成立。这可能是因为，城镇化率越高的地区，农村居民的就业机会越多，他们预期未来的收入也越高；加之他们可获得的信息量增多，对新农保制度也越加了解，城镇居民依靠社会化养老保障模式养老的观念也会对农村居民产生示范效应，使其转变养老观念，这些都增加了农村居民选择更高缴费档次的概率。③提高缴费门槛对农村居民是否参保的影响不显著，但是会降低农村居民选择更高缴费档次的概率。本书认为，产生这一负向激励的根本原因在于农村居民的养老模式未能从养儿防老模式完全转换为社会化养老保障模式。只有当农村居民将新农保制度视作最主要的养老手段时，才会产生内在动力去提高缴费档次，从而增加个人账户积累额。

④与低收入组相比，高收入组农村居民选择更高缴费档次的概率更大。这可能是因为，高收入组抵抗风险的能力更强，而低收入组更容易面临流动性约束，第三个基本判断成立。⑤年龄分组变量对农村居民是否参保和缴费档次选择的影响均显著为正，与16～30岁的农村居民相比，31～45岁和46～59岁的农村居民更倾向于参保且选择高缴费档次的概率也更大。这与我们的预期相符，年龄越大，养老意愿越强烈，越愿意参加新农保；越临近领保年龄，越愿意选择高缴费档次，缴纳更多的养老保险费用以增加个人账户积累额，提升养老保障水平，第四个基本判断也是成立的。

此外，本书通过对城乡居民基本养老保险在农村和城镇的施行情况进行比较分析，发现城乡居民在面对相同的养老保险制度时，呈现出两大特点：一是农村居民新农保的参保率高于城镇居民城居保的参保率；二是农村居民选择的缴费档次低于城镇居民选择的缴费档次。笔者从收入差异、社会福利制度差异、养老观念差异三个角度对此做出了解释，进一步揭示了农村居民"高参保率、低缴费档次"的深层次原因。

本书的主要贡献包括：①将理论分析与我国农村现实相结合，指出我国农村居民新农保参保行为是有限理性的，并据此对影响农村居民新农保参保行为的因素做出基本判断。基于省市层面，考虑了从众效应和城镇化率对农村居民新农保参保行为的影响。以往关于农村居民新农保参保行为的研究较少考虑他人对自身行为的影响，仅有少数学者考虑了同群效应，但是抽样调查得到的数据可能存在同处一群的样本观测值偏少的问题。此外，以往关于城镇化率影响农村居民新农保参保行为的研究并未考虑到城镇居民养老观念可能会对农村居民产生示范效应，进而影响农村居民参保行为。②考察了政策调整对农村居民新农保参保行为的影响。部分学者建议通过提高最低缴费档次标准达到激励农村居民提升缴费档次的目的。本书使用 2019 年中国家庭金融调查（China Household Finance Survey，CHFS）的数据，研究了 2018 年部分地区提高缴费门槛对农村居民新农保参保行为的影响。③在研究内容上，考虑了城镇居民城居保参保行为，并与农村居民新农保参保行为做了比较分析，进一步揭示了农村居民"高参保率、低缴费档次"的深层次原因。

张　琪

2023 年 11 月

目　录

第1章

One

1.1 研究背景和研究意义

1.1.1 研究背景

"十四五"时期，我国经济社会发展的主要目标之一是健全养老保险制度体系，促进基本养老保险基金长期平衡，基本养老保险参保率提高到95%。作为基本养老保险制度的重要组成部分，城乡居民基本养老保险制度的出现不仅填补了养老保险制度的最后一块空白，而且为实现共同富裕提供了制度保障。城乡居民基本养老保险制度是新型农村社会养老保险（以下简称新农保）制度和城镇居民社会养老保险（以下简称城居保）制度合并实施之后的统称，年满16周岁（不含在校学生），非国家机关、事业单位工作人员及不属于城镇职工基本养老保险制度覆盖范围的城乡居民，均可参加城乡居民养老保险。

新农保和城居保分别于2009年9月1日和2011年7月1日开始在部分地区进行试点，随后逐年扩大试点范围，并于2012年实现制度的地域全覆盖。新农保制度的出现，使农民在实现了"种地不交税、上学不付费、看病不太贵"的目标后，"养老不犯愁"的目标也得以初步达成。新农保制度是继取消农业税以后最大的一项惠农措施，传统上只能依靠自身和儿女养老的农民，也可以通过领取养老金来安享晚年。这里的养老金包含基础养老金和个人账户养老金两部分，前者由国家财政全额支付，后者由个人缴费、集体补助和政府补贴构成。可见，个人账户积累额与居民选择的缴费档次密切相关。新农保实施之初，设立了 100 元/年、200 元/年、300 元/年、400 元/年、500 元/年 5 个缴费档次；城居保实施之初，便考虑到城镇居民收入大多高于农村居民，因此在这一基础上增设了 600 元/年、700 元/年、800 元/年、900 元/年、1000 元/年，共计 10 个缴费档次。两项制度都允许地方根据实际情况增设缴费档次。由于两项制度极为相似，加之符合城居保参保条件的城镇居民群体远远少于符合新农保参保条件的农村居民（郑秉文，2014），为了整合资源、提高效率，实现城乡基本公共服务均等化，国发〔2014〕8 号文件决定，将二者合并实施，在全国范围内建立统一的城乡居民基本养老保险制度，合并之后的缴费标准在城居保的基础上又增设了 1500 元/年和 2000 元/年 2 个缴费档次，共计 12 档。

城乡居民基本养老保险采取的是自愿参保原则，参保居民可以根据自身情况选择缴费档次，那么这项制度实施多年来，居民的参保及缴费情况究竟如何呢？根据《人力资源和社会保障事业发展统计公报》，2010~2022 年城乡居民基本养老保险制度的实施情况如表 1.1 所示，城乡居民基本养老保险参保人数在逐年增加，参保人数从 2010 年的 10277 万人增至 2022 年的 54952 万人。与此同时，另一个不容忽视的现象是，参保居民的人均缴费额偏低。2010 年新农保试点期的人均缴费额大约为 303 元/年，而 2011 年降至约 172 元/年。自 2012 年 7 月 1 日新农保和城居保全覆盖工作全面启动以来，我国人力资源和社会保障部不再单独公布新农保的相关数据，取而代之的是城乡居民基本养老保险制度相关数据。2012 年城乡居民基本养老保险人均缴费额约为 168 元/年，随后几年虽有提高，但截至 2017 年，人均缴费额也不过 227 元/年左右。

表 1.1   2010~2022 年城乡居民基本养老保险制度实施情况

年份	参保人数（万人）	领取待遇人数（万人）	基金收入（亿元）	个人缴费（亿元）	缴费人数（万人）	人均缴费（元）	基金支出（亿元）	制度赡养率（%）
2010	10277	2863	453	225	7414	303.4799	200	38.62
2011	32643	8525	1070	415	24118	172.0707	588	35.35
2012	48370	13075	1829	594	35295	168.2958	1150	37.04
2013	49750	13768	2052	636	35982	176.755	1348	38.26
2014	50107	14313	2310	666	35794	186.0647	1571	39.99
2015	50472	14800	2855	700	35672	196.2323	2117	41.49
2016	50847	15270	2933	732	35577	205.7509	2150	42.92
2017	51255	15598	3304	810	35657	227.1644	2372	43.74
2018	52392	15898	3838	—	36494	—	2906	43.56
2019	53266	16032	4107	—	37234	—	3114	43.06
2020	54244	16068	4853	—	38176	—	3355	42.09
2021	54797	16213	5339	—	38584	—	3715	42.02
2022	54952	16464	5609	—	38488	—	4044	42.78

注：①"参保"在 2010 年和 2011 年指的是参加新农保，往后年份指的是参加城乡居民基本养老保险；②缴费人数=参保人数−领取待遇人数；③人均缴费=个人缴费/缴费人数；④制度赡养率=领取待遇人数/缴费人数。

资料来源：2010~2022 年度《人力资源和社会保障事业发展统计公报》。

虽然新农保和城居保合并之后，两项制度的数据不再单独公布，但是，截至 2021 年 11 月底，在全国超过 5.47 亿的参保者中，农村居民占比高达 95%（刘从龙，2022），说明城乡居民基本养老保险的主要参与者仍是农村居民，因此，掌握新农保制度的实施情况就有利于了解该项制度的推行情况。为了解新农保制度在农村的实施现状，获取一手资料，笔者于 2019 年 7 月走访了山西省太原市大吴村，调研发现，虽然农村居民的参保率逐年提高，但是参保者大多选择了最低缴费档次。2018 年该城中村共有 341 位缴费农民，其中，85.34% 的农村居民选择了最低缴费档次，3.81% 的农村居民选择了最高缴费档次。无独有偶，笔者通过网络检索，从仙桃市财政局网站公布的《2018 年度城乡居民社会养老保险费的征收情况公示（农村居民）》中发现，2018 年该市缴费农村居民有 380225 位，选择最低缴费档次的人数占比高达 95.96%，选择最高缴费档次的参保者仅占 0.05%，最高缴费档次形同虚设。基于以上调研，笔者认为，在逐步实现提高参保率这一目标的同时，参保者缴费档次偏低的现象应得到更多的关注。

首先，如果农村居民选择低的缴费档次，意味着到龄后可领取的养老金较少，享受的养老保障水平偏低，无法满足老年生活所需。参保居民到龄后领取的养老金数额由基础养老金和个人账户养老金两部分构成，前者由国家财政全额支付，对于所有参保者而言，发放标准都是一样的，因此，养老保障水平的差异具体表现为个人账户积累额的差异。个人账户积累额由个人缴费、集体补助和政府补贴三部分构成。假设参保人缴费额为 p 元/年，集体补助为 j 元/年，相应的政府补贴为 s 元/年，以中国人民银行每年公布的一年期存款利率 r 计息，缴费年限为 n，则缴费阶段个人账户累计总额为：

$$(p+j+s)+(p+j+s)(1+r)+(p+j+s)(1+r)^2+\cdots+(p+j+s)(1+r)^{n-1}$$
$$=(p+j+s)\frac{(1+r)^n-1}{r} \tag{1.1}$$

由式（1.1）可知，在集体补助、政府补贴和缴费年限不变的前提下，只有提高缴费档次，才能增加个人账户积累额，从而提高养老保障水平。

其次，在我国人口老龄化程度不断加深的背景下，参保者选择低的缴费档次，也会对制度的可持续发展产生影响。从表 1.2 可以看出，1999 年我国 60 岁及以上人口占比、65 岁及以上人口占比分别为 11.27%、7.63%。依照 60 岁及以上人口占比超过 10% 或 65 岁及以上人口占比超过 7% 即跨入老龄化社会的国际标准，我国于 1999 年便步入了老龄化社会。截至 2021 年，这两组数据分别为 18.95%、14.22%，其中，1999 年城镇 60 岁及以上人口占比、65 岁及以上人口占比分别为 12.80%、8.56%，农村的这两组数据分别为 10.51%、7.18%，城镇老龄化程度高于农村。但从 2005 年开始，农村老龄化程度超过城镇，且差距越来越大。截至 2021 年，城镇的这两组数据分别为 16.18%、11.84%，农村的这两组数据分别为 24.04%、18.57%。由此可见，我国人口老龄化呈现出增速快、规模大，农村老龄化程度超过城镇老龄化的特点，这些都将加剧我国养老金收支不平衡等问题（董克用和张栋，2017；郑秉文，2021）。

表 1.2　1999~2021 年我国老龄化情况　　　　　单位:%

年份	全国		城镇		农村	
	60 岁及以上人口占比	65 岁及以上人口占比	60 岁及以上人口占比	65 岁及以上人口占比	60 岁及以上人口占比	65 岁及以上人口占比
1999	11.27	7.63	12.80	8.56	10.51	7.18
2000	10.46	7.10	9.68	6.42	10.92	7.50

续表

年份	全国		城镇		农村	
	60 岁及以上人口占比	65 岁及以上人口占比	60 岁及以上人口占比	65 岁及以上人口占比	60 岁及以上人口占比	65 岁及以上人口占比
2001	11.42	7.83	11.64	7.89	11.29	7.80
2002	11.80	8.16	11.86	8.15	11.76	8.17
2003	12.16	8.51	12.48	8.68	11.93	8.39
2004	12.36	8.56	12.63	8.74	12.17	8.44
2005	13.01	9.07	12.06	8.43	13.63	9.45
2006	13.30	9.20	12.55	8.76	13.87	9.53
2007	13.65	9.36	13.03	9.03	14.14	9.62
2008	14.01	9.54	13.44	9.24	14.49	9.79
2009	14.50	9.72	14.21	9.62	14.75	9.80
2010	13.32	8.92	11.69	7.80	14.98	10.06
2011	13.73	9.13	12.05	7.98	15.53	10.36
2012	14.33	9.40	12.72	8.34	16.15	10.60
2013	14.89	9.68	13.04	8.44	17.08	11.15
2014	15.54	10.06	13.88	8.89	17.61	11.52
2015	16.15	10.47	14.34	9.24	18.47	12.03
2016	16.70	10.85	14.87	9.60	19.15	12.53

续表

年份	全国		城镇		农村	
	60 岁及以上 人口占比	65 岁及以上 人口占比	60 岁及以上 人口占比	65 岁及以上 人口占比	60 岁及以上 人口占比	65 岁及以上 人口占比
2017	17.33	11.39	15.49	10.09	19.92	13.22
2018	17.88	11.94	16.13	10.65	20.46	13.84
2019	18.13	12.57	16.37	11.20	20.85	14.69
2020	18.73	13.52	15.85	11.14	23.81	17.72
2021	18.95	14.22	16.18	11.84	24.04	18.57

资料来源：2000 年的相关数据来源于《2000 年第五次全国人口普查主要数据公报》，1999 年和 2001~2006 年的相关数据来源于相关年份的《中国人口统计年鉴》，2007~2021 年的相关数据来源于相关年份的《中国人口和就业统计年鉴》，笔者依此整理所得。

从养老基金收支的角度看，一方面，人口老龄化导致领取养老待遇的人数不断增加，而人们的平均预期寿命的延长也使领取养老金的周期拉长，二者同时发生导致我国城乡居民基本养老保险的养老基金支出不断扩张。从表 1.1 可以看出，2010 年基金支出为 200 亿元，到 2022 年增至 4044 亿元。另一方面，缴费档次偏低意味着城乡居民基本养老保险的养老基金收入较少，2010 年基金收入为 453 亿元，2022 年为 5609 亿元。如图 1.1 所示，与 2010 年相比，2011 年基金收入增长率和基金支出增长率分别为 136.20%、194.00%，往后年份二者都有所下降，但基金支出增长率在大部分年份都高于基金收入增长率，2016 年和 2017 年基金收入增长率略高于基金支出增长率，2018 年和 2019 年基金收入增长率略低于基金支出增长率，2020 年基金收入增长率超过了基金支出增长率，之后两年的基金支出增长率又开始高于基金收入增长率。

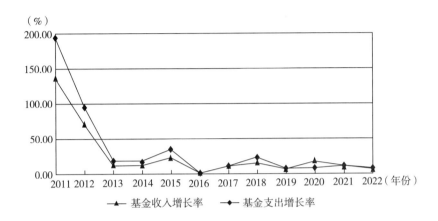

图 1.1 2011~2022 年城乡居民基本养老保险制度的基金收入增长率和基金支出增长率

资料来源：笔者根据 2010~2022 年度《人力资源和社会保障事业发展统计公报》整理得出。

从制度赡养率的角度看，我国城乡居民基本养老保险制度的赡养率较高（李晃宇，1999）。制度赡养率是指制度内领取待遇人数占同期缴费人数的比重。从表 1.1 可以看出，2010 年制度赡养率为 38.62%，到 2017 年增至 43.74%，之后有所回落，但仍在 42% 以上。在人口老龄化的背景下，制度赡养率高意味着养老金供需不平衡，一方面制度内领取待遇人数不断增加，养老金需求也会随之增加；另一方面劳动力数量的减少导致制度内同期缴费人数不断减少，加之缴费档次偏低，会导致养老金供给减少。

因此，有必要对农村居民的新农保参保行为进行系统性分析和研究，探寻农村居民缴费档次的选择为何具有趋同性，且更偏好较低缴费档次的原因。

1.1.2　研究意义

一项新制度能否顺利推行并实施，取决于其参与主体的参与程度，因而了解农村居民的新农保参保行为至关重要。本书提到的农村居民新农保参保行为，指的是农村居民是否参保，以及参保时选择何种缴费档次。在现实中，这两个决策过程密不可分，且农村居民是否参保决定了农村居民缴费档次的选择能否被观测到。

（1）理论意义。首先，根据生命周期假说和世代交叠模型，养老模式可分为三种：一是个人储蓄养老模式，二是养儿防老模式，三是社会化养老保障模式。其中，第一种模式的理论基础为典型的生命周期假说，后两种模式的理论基础为世代交叠模型，区别在于养儿防老模式依靠的是家庭代际转移，社会化养老保障模式依靠的是社会代际转移。过去农村居民所依赖的养儿防老模式即世代交叠模型中的父代抚育子代，子代赡养父代的抽象概括；新农保制度即工作的一代向退休的一代进行代际转移的社会化养老保障模式。农村居民在面对新农保这一新生制度时，就会产生从养儿防老模式向社会化养老保障模式转换的问题，对农村居民新农保参保行为的研究有助于从理论上了解农村居民养老保障模式的转换过程。其次，本书将理论分析与我国农村现实相结合，认为我国农村居民新农保参保行为是有限理性的，并据此对影响农村居民新农保参保行为的因素做出基本判断。

（2）现实意义。首先，我国老龄化尤其是农村老龄化程度不断加深，养老问题不再是一个家庭所面临的问题，而是引发社会广泛关注的经济问题。多年来，绝大多数农村老人主要依靠土地劳作收入和传统的家庭养老方式获得养老保障。然而，随着工业化和城镇化进程的加快，政府不断征用农村耕地，加之大量农村劳动力选择外出务工，越来越多的留守老人难以通过从事繁重的土地劳作来获得养老保障，而外出务工的子女也无法照料留守家乡的父母，这些现实情况都对传统的养老模式产生了巨大挑战，农村养老问题日益严峻。随着社会经济的发展，由传统家庭养老模式转换为社会化养老保障模式是必然趋势，只是过程并非一蹴而就，可能需要较长的时间。

其次，如果农村居民选择不参保，或者参保后所选择的缴费档次太低，意味着到龄后无法领取养老金或者可领取的养老金较低，这将导致无法从根本上解决农村居民的养老问题，而且会对制度的持续发展产生影响。"家中有粮，心里不慌"，这一古语反映出我国农村居民历来注重未雨绸缪，会为预防未来可能面临的各种不确定性风险而进行储蓄。养老保险制度的出现，免去了农村居民养老的后顾之忧，如果待遇水平较高，即可成为其老年生活的重要经济来源，从而使农村居民敢于在当前进行消费而非一味储蓄，这样一来，农村居民的消费潜力就会得以释放，进而扩大内需，助力国内大循环，为构建以国内大循环为主体、国内国际双循环相互促进的新发展格局提供支撑，推进共同富裕。

因此，研究农村居民新农保参保行为究竟受何种因素的影响？为什么这么多参保者大多选择了最低缴费档次？破解这些问题对建立可持续发展的农村养老保障长效机制、提高农村居民养老保障水平、实现共同富裕具有重要的现实意义。

1.2 研究思路和研究方法

1.2.1 研究思路

笔者基于 2010～2020 年度《人力资源和社会保障事业发展统计公报》中关于城乡居民养老保险制度的实施情况和两个调研案例，了解到农村居民新农保参保行为存在"高参保率、低缴费档次"的现象。为此，本书主要对农村居民新农保参保行为进行全面分析，具体的研究思路如下：

首先，根据生命周期假说和世代交叠模型将养老模式归纳为三种：个人储蓄养老模式、养儿防老模式、社会化养老保障模式。无论人们依赖哪种养老模式，目的都是追求一生效用的最大化，都符合生命周期假说，但是养儿防老模式和社会化养老模式在实现效用最大化的方式上有所差异。养儿防老依靠的是代际转移，而社会化养老依靠的是社会养老保险制度，二者最大的区别在于是否进行强制性储蓄。

其次，对我国农村的现实进行分析，指出我国农村存在养儿防老观念短期难以改变、农村居民居住环境固定且文化水平有限、城镇化率逐年提高、收入水平较低且收入稳定性差等情况。

再次，将理论分析与我国农村现实相结合，指出我国农村居民新农保参保行为是有限理性的，并据此对影响农村居民新农保参保行为的因素做出四个基本判断：第一，农村居民新农保参保行为会受到从众效应的影响。对于养儿防老观念根深蒂固的农村居民来说，由于文化水平有限，新农保制度的设计又较为复杂，加之宣传力度不足、宣传方式不够灵活，导致很多农村居民对其并不了解，而他们居住较为集中，长期生活在熟人社会，联系也很紧密，彼此之间可以做到信息互通，这些都可能导致他们产生从众心理，进而影响其参保行为。第二，农村居民新农保参保行为会受到城镇化率的影响。我国是典型的城乡二元结构体制，养老保险制度起源于城镇，后扩展至农村。一是城镇化率的提高增加了农村居民外出就业的机会，这可能产生两种不同的影响，后文将详细阐述；二是农村居民可获得的信息增多，对新农保制度会更加了解；三是农村居民的养老观念可能会受到城镇居民依靠社会养老保险养老的示范效应的影响。第三，收入会对农村居民新农保参保行为产生影响。第四，年龄会影响农村居民新农保参保行为。

最后，根据微观数据和宏观数据采用描述性统计方法和计量方法对本书的四个基本判断进行检验。农村居民新农保参保行为包含密不可分的两个决策过程：一为是否参保，二为选择何种缴费档次。对于前者，农村居民是否参保是二元选择问题，可建立二元选择模型进行研究；对于后者，参保人员缴费档次的选择是有序选择问题，由于我们只能观测到参保者的缴费档次，对未参保者的缴费档次是无法观测的，这样得到的样本不能代表总体，直接使用有序选择模型可能会产生样本选择偏倚，为此，本书选择 Heckoprobit 模型研究农村居民缴费档次的选择问题。

此外，本书考察了政策变动对农村居民新农保参保行为的影响，而且对城镇居民城居保参保行为做了描述性统计分析，并与农村居民新农保参保行为进行比较，进一步揭示了农村居民参保率高、缴费档次低的深层次原因。

1.2.2　研究方法

根据研究内容的不同，本书分别使用了二元选择回归分析方法、带样本自选择的有序回归分析方法和描述性统计方法。其中，以农村居民是否参保为二元选择变量，分别建立了 Probit 模型和 Logit 模型进行实证分析；农村居民缴费档次的选择为有序选择变量，且农村居民缴费档次能否被观测到受农村居民是否参保这一变量的影响，如果农村居民选择参保，则缴费档次可以被观测到，否则不可被观测到，因此，农村居民缴费档次的选择是典型的样本选择数据，为克服样本自选择问题，本书使用 Heckoprobit 模型进行研究；对城乡居民参保行为的对比研究，由于城镇居民参加城居保的数据有限，故使用描述性统计方法进行分析。

1.3　创新之处

本书主要的创新之处在于：

首先，将理论分析与我国农村现实相结合，指出我国农村居民新农保参保行为是有限理性的，并据此对影响农村居民新农保参保行为的因素做出基本判断。基于省市层面，考虑了从众效应和城镇化率对农村居民新农保参保行为的影响。以往关于农村居民新农保参保行为的研究较少考虑他人对自身行为的影响，有少数学者考虑了同群效应，但是抽样调查得到的数据可能存在同处一群的样本观测值偏少的问题。此外，对于城镇化率影响农村居民参保行为的研究并未考虑城镇居民养老观念可能会对农村居民产生示范效应，进而可能影响农村居民参保行为。

其次，分析了政策调整对农村居民新农保参保行为的影响。部分学者建议通过提高最低缴费档次标准达到激励农村居民提升缴费档次的目的，那么，政策实施效果如何呢？我国新农保制度于 2009 年设立，经历了两次大的调整：一是国发〔2014〕8 号文件将新农保制度与城居保制度合并实施，缴费档次由试点时期的 5 个档次增加到 12 个档次；二是人社部发〔2018〕21 号文件规定要建立个人缴费档次标准调整机制，自 2018 年开始，各地依据该文件的指导意见陆续对缴费档次进行了诸如提高缴费门槛、提高最高档次标准和缩减总档次数的调整。本书使用 CHFS 2019 年的数据，实证分析了 2018 年部分地区提高缴费门槛对农村居民新农保参保行为产生的影响。

最后，在研究内容上，考虑了城镇居民城居保参保行为，通过与农村居民新农保参保行为进行对比分析，更深层次地揭示了农村居民新农保参保率高、缴费档次低的原因。

1.4　研究内容

依照本书的研究思路，笔者将关于我国农村居民新农保参保行为的研究围绕如下 6 章展开：

第 1 章为绪论，主要是通过分析我国相关年度发布的《人力资源和社会保障事业发展统计公报》与微观调研案例等相关资料，发现我国农村居民新农保参保行为呈现出"高参保率、低缴费档次"的特点，据此引出本书的研究意义，并对研究思路进行简单概括，指出本书的研究方法和创新之处。

第 2 章为文献综述，主要是对相关概念进行界定，并梳理与本书研究相关的文献，为后续的实证研究奠定基础。

第 3 章为我国养老保险制度的历史沿革，指出养老保险制度起源于城镇，农村养老保险制度的建立远落后于城镇，而且，利用 CHFS 2013 年、2015 年、2017 年和 2019 年的数据进行描述性统计分析，发现我国现行的不同养老保险制度之间的待遇水平存在较大差异，新农保制度的待遇水平远低于城居保、城职保。

第 4 章为影响农村居民参保行为的理论分析与基本假设。首先根据生命周期假说和世代交叠模型将养老模式分为三类，并对政府介入养老保险的相关理论进行简单回顾；其次指出我国农村存在养儿防老观念短期难以改变、农村居民居住环境固定且文化水平有限、城镇化率逐年提高、农村居民收入水平较低且收入稳定性差四个现实情况，这就意味着生命周期假说赖以成立的三个条件（个人完全理性、不存在不确定性、不存在流动性约束）在我国农村现实中往往难以全部被满足。因此，在将理论分析与我国农村现实相结合之后，指出我国农村居民的新农保参保行为往往表现为有限理性，据此对影响农村居民新农保参保行为的因素做出基本判断。

第 5 章为农村居民新农保参保行为的实证研究。基于 CHFS 2015 年、2017 年和 2019 年的相关数据，以农村居民是否参保为二元变量，以农村居民缴费档次的选择为有序变量，分别建立了二元选择模型和 Heckoprobit 模型进行研究，对第 4 章做出的影响农村居民新农保参保行为因素的基本判断进行验证，并用 CHFS 2019 年的数据考察提高缴费门槛这一政策变动对农村居民参保行为的影响。此外，基于描述性统计方法对比了农村居民新农保参保行为和城镇居民城居保参保行为，总结出城乡居民参保行为的两大特点，并从三大差异方面进行解释，进一步揭示了农村居民参保率高、缴费档次低的根本原因。

第 6 章为本书研究所得到的结论，并基于结论提出的政策建议，以及对未来研究的进一步展望。

第2章

Two

文献综述

2.1 相关概念界定

2.1.1 社会保障

"社会保障"（Social Security）一词最早源自美国 1935 年颁布的《社会保障法》（*Social Security Act*），该法案提出了老年保险（Old Age Insurance，OAI）这一最具争议的全新项目（赵福昌，2005），1939 年的立法又将保障范围扩展到退休者的配偶和鳏寡者（Survivors Insurance，SI），1957 年又纳入了到退休年龄的致残者（Disability Insurance，DI），如上三部分合称美国老年、遗属和残障保险（Old Age Survivors and Disable Insurance，OASDI），这是美国社会保障最典型的含义（Auerbach and Feldstein，2002）。1944 年，国际劳工组织在第 26 届国际劳工大会上发表的《费城宣言》中正式采纳了"社会保障"一词，随后第 35 届国际劳工大会通过的《社会保障最低标准公约》使"社会保障"一词开始被国际社会广泛运用（尚晓援，2001）。在中国，各位学者对社会保障给出了不同的定义。郑功成（2000）认为"社会保障是国家依法强制建立的、具有经济福利性的国民生活保障和社会稳定系统"。郑秉文和和春雷（2001）认为"社会保障是与社会主义市场经济体制基础相适应，国家和社会依法对社会成员基本生活予以保障的社会安全制度"。1993 年，党的十四届三中全会通过的《中共中央关于建立社会主义市场经济体制若干问题的决定》指出："社会保障体系包括社会保险、社会救济、社会福利、优抚安置和社会互助、个人储蓄积累保障。"学术界对社会保障和社会福利的界定一直存在争议,依据国际惯例,社会保障只是社会福利的基础部分,社会福利制度是个大概念。在中国,社会福利是个小概念,社会保障包括社会福利,社会福利只是国家宏观层面总体性社会保障制度的重要组成部分(刘继同,2003)。

2.1.2　社会保险

社会保险是一种将风险转移给某一组织的机制,当产生某些预定损失时,组织需根据规定的条件依法向被保障人提供货币或服务给付(邓大松,2015)。我国自 2011 年 7 月 1 日起施行《中华人民共和国社会保险法》,主要目的之一就是通过建立健全社会保险制度来保证公民享受社会保障权,增进和维护公民的社会保险权益,保障公民共享经济社会发展成果。该法律规定了五种社会保险制度:基本养老保险、基本医疗保险、工伤保险、失业保险和生育保险。在这五种保险当中,前两种保险都有补充性保险,而后三种没有补充性设计,加之补充性保险并非强制性的,也不是覆盖全体公民的,因此,该法将前两种保险加了"基本"二字以作区别。社会保险是一种强制性保险,强调权利与义务的对应性,只有参保人履行了缴费义务,才能享受相应的权利。在中国,社会保险居于整个社会保障体系的核心地位,我们通常所说的"社保"即指社会保险。

2.1.3　养老保险

养老保险,即社会基本养老保险,是国家和社会根据一定的法律法规,为解决劳动者在达到国家规定的解除劳动义务的劳动年龄界限,或因年老丧失劳动能力退出劳动岗位后的基本生活而建立的一种社会保险制度（余桔云，2015）。Chybalski 和 Marcinkiewicz（2016）分别从宏观、微观两个角度描述了养老保险制度。就宏观层面而言，养老保险制度作为一个工具，将当前的国内生产总值在工作的一代人与领取养老金的一代人之间区分开来（Góra，2008）。Diamond 和 Barr（2006）阐明未来的国内生产总值在养老保险制度的分析中是至关重要的，因为未来退休人员的消费将是由未来的生产所产生的，且主要由他们的子代进行生产。就微观层面而言，养老保险制度是一个在生命周期内分配收入、平滑消费的工具（Barr，1987；Blake，2006）。

根据覆盖群体的不同，我国基本养老保险可分为城职保、新农保和城居保，本书的研究主要是针对新农保。

2.2　国外研究文献综述

1889 年德国颁布的《老年和残障社会保险法》标志着现代社会养老保险制度的建立。根据本书的研究目的，将国外相关研究大致分为如下两类：

2.2.1　国外农村养老保险制度的相关研究

国外社会养老保险制度的发展历程表明，发达国家的养老保险制度最早设立在城市，随后才逐渐扩展至农村，而广大发展中国家由于农村人口多、收入低等因素，发展更为缓慢（杨翠迎和庹国柱，1997；邓大松，

2014；徐强，2015），并且部分发展中国家的养老保险制度始终未能扩展到农村，部分学者指出产生这一情况的原因可能有两个：一是农村地区缺乏建立养老保险制度的政治和其他方面的压力，二是行政和其他方面的因素导致实施养老保险制度会产生高成本（Benjamin，1968；Mesa-Lago，1978；Araujo，1973）。Palacios 和 Sluchynsky（2006）指出，由于各国养老保险制度的覆盖面和成本差异较大，因此制度的制定应该考虑各国的诸多特定条件。

由于不同国家的国情各异，因此不存在统一的农村养老保险制度模式，从宏观制度层面，可将其划分为社会保险型、社会福利型、社会救助型、个人储蓄型四种模式。①社会保险型，最早由德国俾斯麦政府所创，后被美国、日本等国家采纳，通常被当作城市养老保险制度的延伸，是世界上农村社会养老保障的主要模式，强调农民养老的"个人责任"，坚持"个人自助"原则，国家对"自助者"予以财政补贴和支持，其待遇与个人收入、缴费年限相联系；②社会福利型，该模式起源于英国，其思想来源于《贝弗里奇报告》提出的全民保障方案，贯彻"普惠制"原则，保障水平较高[①]；③社会救助型，该模式主要存在于部分发达国家和发展中国家中，如南非、巴西等，采取政府主动介入的方式，给予受经济条件限制的贫困老年人基本的生活保障，其保障水平较低；④个人储蓄型，该模式主要存在于新加坡、智利等新兴的市场经济国家中，遵从自愿原则，农民将部分收入进行储蓄并建立个人账户，国家不进行投保补助，不负担保险费，只给予一定的政策优惠。

从微观制度层面，可以从缴费方式、给付机制、财务机制等方面对

---

① 劳动和社会保障部社会保险研究所. 贝弗里奇报告——社会保险和相关服务［M］. 北京：中国劳动社会保障出版社，2004：99-112.

农村养老保障模式进行详细划分。①从缴费方式来看，可以分为缴费型和非缴费型，缴费型包括均一缴费和收入关联缴费，前者指农民采取等额缴费方式，后者指根据收入比例制或档次制分别确定农民缴费额；非缴费型指无须缴纳养老保险费即可领取养老金，非缴费型养老金制度具体表现为普惠制（Universal）养老金制度与家计调查型（Means-Tested）养老金制度，前者指不考虑居民的性别、工作、婚姻状态、种族、残疾与否等特征，所有的老年居民均可享有获取相同养老金的权利（Gorman，2005），后者指居民获取养老金的权利取决于政府对其家庭财产状况调查的结果（Hove，1996）。②依据给付机制的不同，可以分为均一给付和收入关联给付，前者指养老金待遇领取额是固定的，后者指养老金待遇与其收入关联。③在财务机制上，分为现收现付型和基金积累型。现收现付型强调以支定收，以此实现收支在年度内达到大体平衡；基金积累型是以收定支，支付水平取决于账户基金积累额和投资收益（徐强，2015；马明，2014）。

对于发达国家和发展中国家而言，经济发展水平、农村人口等的差异决定了其实行的养老保险制度各有不同。在发达国家中，有的将城镇养老保险制度延伸到了农村，有的单独设立了农村养老保险制度（苏保忠，2009），并且发达国家的养老保险制度采取了世界银行 1994 年提出的"三支柱"模式，这些国家的农民都享有较高的保障水平。而发展中国家的农村养老保险制度主要由缴费型养老保险与非缴费型养老保险组成（徐强，2015；陈志国，2005；杨娟，2010）。

2.2.2　居民参加养老保险意愿与行为的相关研究

国外学者对居民参与养老保险决定因素的研究，大部分局限于某种特定类型的养老金计划、不同种族群体的参与情况或者其他特定形式。

有的学者研究了员工参加401（k）计划的影响因素，如Bassett等（1998）基于相关分析得出，影响参与养老保险决定的因素包括收入、年龄、工龄、教育、是否拥有住房、401（k）是否为唯一的职工退休计划。Bernheim和Garrett（1996）、Bernheim（2000）除了考虑标准的经济特征（如年龄、工资和教育）外，还考虑了其他计划是否存在、雇主提供有关退休计划的信息以及雇员是否使用这一信息等因素。Even和Macpherson（2000）指出，单身男性尤其不太可能参加401（k）计划。Huberman等（2007）利用Probit回归研究了个人特征、政策变量和计划水平变量对参与情况的影响，发现女性的参与概率比男性更高，对此给出了两种解释：一是女性比男性更偏好储蓄；二是如果决策单位是家庭，在许多情形下，女性的收入作为其丈夫收入的补充，一般低于其家庭平均收入，所以女性的行为更有可能反映她们的家庭收入水平。Munnell等（2001）指出，仅仅考虑年龄、收入、工龄等因素远远不够，因为这些变量不容易改变，所以必须加入易受雇主或政府影响的因素，如个体关于未来计划和退休储蓄的态度。研究表明，雇员的规划周期长短是影响其参加401（k）计划的关键因素，为雇员提供有关工作类型、生命预期和预期社会保障收益的精确数据可以使他们对计划更具前瞻性，从而延长规划周期，增加参加401（k）计划的雇员数量。Agnew等（2007）在对相关研究进行总结的基础上，首次研究了金融知识和信任对雇员参加401（k）计划的影响。Fornero和Monticone（2011）使用意大利银行2006年和2008年对家庭收入和财富的调查数据，分析了25~65岁雇员与自雇的样本，实证分析结果表明，大多数人缺乏对诸如利率和通货膨胀等基本概念的了解，金融知识会对受访者参加养老金计划的概率产生显著的正向影响。他们首先利用 2006 年的相关数据，采用线性概率模型研究了金融知识对参与养老金计划的影响，受访者回答三个与金融知识相关的问题，采用两种方式度量金融知识：一种是根据答对问题的个数，取值为 0~3；另一种是三题全对取值为 1，否则取值为 0。控制变量包括年龄，性别，受教育最高水平，婚姻状态，家中孩子数量，家庭收入四分位数，家庭财富的代理变量——是否拥有住房、是否自雇、地区虚拟变量。其次考虑到金融知识可能面临的内生性，他们采取 GMM 方法进行估计，结果表明金融知识对受访者参与养老金计划存在显著的正向影响，2008 年数据的回归结果得到了相似的结论。

Duflo 和 Saez（2002）发现同群效应通过传递信息对个体购买养老保险的决策产生了影响。Chun 等（2015）基于 1996 年收入调查与项目参与（Survey of Income and Program Participation，SIPP）的数据，利用 Logistic 回归，从种族差异的角度研究了养老金参与的可能性，结果表明，与非西班牙裔白人相比，西班牙裔和非西班牙裔黑人更加不太可能参加养老金计划。

Schulte 和 Zirpel（2010）主要感兴趣的是主观预期寿命在私人养老保险参与过程中的解释功效。他们使用 2005 年德国 SAVE 调查得到的 1320 户家庭的截面数据，以家庭在 2005 年是否参加私人养老计划作为因变量，解释变量包括寿命预期，在控制风险偏好和时间偏好、金融知识、替代性养老金计划（以职业代替）、其他家庭社会经济特征的条件下，研究了寿命预期对家庭参加私人养老计划的影响。Probit 模型估计结果表明，参加私人养老计划的概率随着平均主观预期寿命的增加而增大，孩子的数量与参加私人养老保险概率负相关，对此给出的解释是遗产动机的存在或者预期代际利他主义。Ebenstein 和 Leung（2010）从子女性别角度出发，研究了中国农村家庭参保率。他们基于 2002 年中国家庭收入调查数据，研究了是否有儿子及子女性别构成对家庭参保率的影响，以是否有儿子作为核心解释变量，在控制了家庭收入、农耕年工作时长、母亲年龄及年龄的平方、母亲受教育程度等家庭特征的变量之后，实证分析结果表明，与有儿子的家庭相比，没有儿子的家庭其参保率会增加 1.4%；进一步地，他们以家中儿子的数量和女儿的数量作为核心解释变量，同样控制了家庭层面变量之后，再次进行回归估计，结果表明，每增加 1 个儿子，参保概率会降低 2.5%；每增加 1 个女儿，参保概率会降低 2.2%。由此可知，就中国农村养老保险项目而言，家中子女数量越少，尤其是那些没有儿子的家庭，其家庭参保率越高。

2.3　国内研究文献综述

我国自 1986 年开始探索在农村实行养老保险，但因各种原因以失败告终。此后，从 2003 年开始，各地经过自行摸索与试点，形成了各具特色的养老保险制度模式。我国于 2009 年 9 月开始在地方试点新农保，随后逐年推广，并于 2012 年底实现制度的地域全覆盖。本书研究的是农村居民新农保参保行为，而学术界有关农村居民参保问题的研究包括农村居民的参保意愿和农村居民缴费档次的选择两大方面，加之我国农村养老保险经历了老农保和新农保两个阶段，因此，相关研究既有针对老农保的，也有针对新农保的，而对老农保的相关研究可以为分析新农保参保问题提供借鉴。

2.3.1 对老农保的相关研究

王海江（1998）利用 1995 年民政部专家组在山东和安徽六村对农村参保适龄人口的调查数据，基于 542 份有效问卷，以是否参加农村社会养老保险为因变量，以个人特征变量（性别、年龄、婚姻状况、受教育水平、职业），家庭特征变量（家庭规模、子女数、儿子数、家庭存款总额、上年新增存款额），社区特征变量（村所属省份）11 个变量作为自变量，运用逐步回归法，最终建立 Logistic 多元回归模型，考察了农民参加社会养老保险的影响因素。结果显示，年龄、家庭规模、子女数以及村所属省份的影响是显著的。赵德余和梁鸿（2009）并未从个人层面出发考虑农民参保问题，而是利用 2007 年上海市行政村普查数据，基于 1854 个村庄的相关数据，着重分析了村庄层面特征——地理位置、人口规模、村庄经济发达程度、村庄集体经济管理的模式、村庄被征地规模和集体经济支出结构模式等因素对农保参与率的影响。以各个村庄的农民平均参保率作为被解释变量，用逐步回归法建立多元回归模型进行研究。估计结果表明，非镇政府驻地村相对于镇政府驻地村具有更高的参保率，村庄人口、政府征地规模、村经济收入及福利支出对农民参保存在显著的负向影响，村庄户数和农保养老金水平对农民参保存在显著的正向影响，这几个变量对因变量的影响程度都很小。然而，这一结果与上海多元化的农村社会养老保障体系密切相关，不具有可推广性。还有部分学者研究了农民的参保意愿，乐章（2004）以 2003 年中南财经政法大学社会保障研究所在 11 个省份进行抽样调查获得的数据为基础，从参保意愿和所选缴费档次两个层面分别建立了二元 Logistic 回归模型和多元回归模型对农民参保问题进行考察，发现农民的参保意愿较强，并且受到性别、年龄、健康状况、社区身份、对国家解决养老问题的期望、家庭人均收入和人均土地面积、社区互助关系等因素的显著影响，而文化程度对其影响则不显著；但文化程度、家庭人口数、社区经济状况、对养老保险的信息掌握情况等变量对所选缴费档次的影响是显著的。各种层面因素对参保意愿与所选缴费档次的影响大不相同，说明参保意愿和所选缴费档次之间存在较大的差异，建议充分发挥社区经济在刺激农民提高缴费档次方面的积极作用。吴罗发（2008）利用江西省436户农户的抽样调查数据进行分析，发现文化程度会对农民的参保意愿产生显著的负向影响。

2.3.2　对新农保的相关研究

在新农保制度试点初期，有学者通过研究发现，这一新制度在推行过程中面临经办管理能力不足、财政补贴水平不高、保障水平低、制度难以衔接等问题。比如，邓大松和薛惠元（2010a）结合新农保制度设计特点指出，制度推行过程中可能会遇到的五大难题，并系统性地提出了相应的对策建议。卢海元（2010）在肯定了新农保试点取得进展与成效的同时，也给出了制度推进的新取向。李冬妍（2011）认为，财政补贴水平不高，建议对此进行完善并取消捆绑条款。部分学者对养老金替代率水平进行测算的结果均表明我国养老金替代率水平较低（邓大松和薛惠元，2010b；贾宁和袁建华，2010），这就意味着此项制度的保障水平偏低。面对这些不断暴露出来的现实问题，部分学者给出了针对性建议，如钱振伟等（2011）从政府购买服务视角出发，对新农保经办服务体系进行了研究，提出了可操作性的建议。邓大松和刘远风（2011）、王翠琴和薛惠元（2011）就新农保与老农保、被征地农民社会保障等相关制度的衔接问题展开了探讨。就保障水平低这一问题，王鹏等（2012）从待遇调整视角，提出了新农保制度优化模式，张华初和吴钟健（2013）建议调整个人缴费补贴标准，且计算结果表明这样的调整标准在中央财政承受范围之内。还有部分学者关注了新农保制度的可持续发展问题（封铁英和李梦伊，2010；蒋云赟，2011；钱振伟等，2012）以及养老金保值增值问题（薛惠元，2012；梁春贤，2010；薛惠元和邓大松，2012）。

随着新农保制度的逐步推广，有关农村居民新农保参保行为的研究也层出不穷。根据本书的研究内容，我们将其分为两大类：一类是农村居民是否参保的影响因素研究，另一类是参保农民缴费档次的研究。

（1）农村居民是否参保的影响因素研究。涉及这类研究的文献较多，大多基于从某个或某些试点地区实地调研获得的截面数据，建立 Logistic、Probit 等模型分析个体特征、家庭特征、社区特征、地区特征、制度设计等众多因素对农村居民参保行为的影响，而不同的学者由于其设计的调查问卷的侧重点各有不同，导致研究结果也存在差异。

比如，石绍宾等（2009）基于山东省10市16县163位农户的调查数据，选取个人、家庭、社区、制度设计等8类因素共计17个自变量，以农民是否参加新农保作为因变量，建立 Probit 模型进行研究。结果表明，农民参保主要受健康状况、子女养老能力、儿子数量、家中是否有党员、社区区位、农民的未来预期等因素的影响，而性别、年龄、教育程度、家庭土地面积、家庭收入、村庄类型、有无村集体补助、信息对称等变量对农民参保的影响并不显著。穆怀中和闫琳琳（2012）以2010年在辽宁省阜新市彰武县24个乡镇实施问卷调查所得的2363个有效样本为基础，运用 Logistic 回归分析方法进行研究，发现性别、年龄、受教育程度等因素会影响参保决策，而经济水平、政策信任度、村干部信任度、新农保补贴信心的影响则不显著。与上述直接利用个体、家庭、社区等特征建立 Logistic、Probit 等模型研究农村居民参保影响因素的相关文献不同，常芳等（2014）通过建立多水平随机效应 Logistic 回归模型，分析了个体、家庭、社区、县级四个层面因素对农民参保行为的影响。研究表明，不同层面的因素对农村居民是否参加新农保的影响各不相同。吴玉锋（2011）从村域社会资本视角研究了农民参保行为。结果表明，村域社会资本的不同维度对参保行为的影响并不一致，其中，村域信任和村域互动会对参保行为产生正向影响，村域互惠和村域安全规范对参保行为影响不显著，村域认同规范对参保行为具有负向影响。此外，农民对自身健康状况的预期、对社会公平的感知（郑沃林等，2020；郑雄飞和黄一倬，2020），以及金融知识（李云峰和徐书林，2020）、宗族网络（陶东杰等，2019）、同群效应（Zhao and Qu，2021；张川川和朱涵宇，2021）也会显著影响农民的参保行为。但是上述研究并未考虑参保行为的自选择问题，而黄宏伟和展进涛（2012）认识到这一点，并构建 Heckman 两阶段模型克服了这一问题，他们利用农业农村部农村固定观察点2011 年全国抽样调查数据，重点考察了家庭经济条件和家庭成员结构对农户参加新农保概率和缴费金额二者的影响，结果表明，家庭总收入对农户参保概率有负向影响，对缴费金额有正向影响；常住人口数量对二者均有正向影响，老人数量、在校学生数量对二者均有负向影响；学龄前儿童数量对二者的影响均不显著。马红鸽（2016）认为，新农保已实现全覆盖，仍使用是否参保这个二元变量研究农民参保行为的影响因素并不合适。她将农村居民的参保年份分为三个阶段，利用 CFPS 2012 年调查数据，建立多项 Logit 模型考察各因素对参保积极性的影响，研究发现身体健康状况越好的个体越倾向于较晚参保，对社会的信任度越高的个体参保时间越早。王丽（2015）认为，城镇化率会对城乡居民养老保险全覆盖产生双重效应。进一步地，王晓洁和王丽（2015）基于2009~2012年省级面板数据，通过粗略估算宏观层面城乡居民基本养老保险的应参保人数，实证研究了城镇化对城乡居民养老保险参保率的影响，发现城镇化水平的提升会提高城乡居民养老保险参保率，但是鲁全（2020）认为，城镇化率的提高会降低城乡居民基本养老保险参保人数的相对比例。

（2）参保农民缴费档次的研究。研究者将农村居民缴费行为中出现的集中选择最低缴费档次现象称为"最低缴费档次困境""最低缴费档次陷阱""象征性缴费策略""逆向选择困境"等。学术界有关新农保最低缴费档次困境的研究大致可分为两类：一类侧重定性分析，另一类主要以定量研究为主。

在前一类研究中，学者大多通过实地调研访问获得相关数据，通过描述性分析方法，解析参保居民选择最低缴费档次的原因。比如，鲁欢（2012）利用2010年从辽宁省彰武县获得的392份有效调查问卷发现，经济收入水平低、对政策的不信任、从众心理、政策设计缺陷和宣传问题等导致最低缴费档次格外"受宠"。姚俊（2013）将新农保制度实施过程中出现的参保率高而缴费档次低的现象称之为"一高一低"式参保困境，并从嵌入性视角对其加以解释。他认为新农保是一种利益导向型政策工具，由于嵌入了与其适配程度低的离散型政策共同体，才造成这一困境。聂建亮和钟涨宝（2014）发现，受内部约束（自身经济水平、对政策信任与否）和外部约束（从众行为、基层干部对政策的解读）的影响，农村居民选择最低缴费档次的占比高达93.1%，他们将其称为"象征性缴费策略"。

在后一类研究中，研究者从收入、制度、个体属性等不同角度，通过建立 Logistic、Ordered Probit 等回归模型实证分析了参保农民缴费档次选择的影响因素。比如，王国辉等（2013）采用 Logistic 模型，选取经济承受能力、制度设计、对制度的了解与信任等方面的 8 个解释变量，实证分析了这些变量对居民选择最低缴费档次的影响，结果表明，认为参保不划算、家中有老人、学历为初中及以下、对制度不了解、对干部不信任这些因素均增大了居民选择最低缴费档次的概率，而家庭收入的影响不显著。而张宁等（2017）的研究表明收入水平和时间偏好对农村居民参保决策具有重要影响。邓道才和蒋智陶（2014）认为，知沟（Knowledge Gap）效应的存在，导致农民对政策认知程度不高，这正是农村居民陷入最低缴费档次困境的重要原因，并利用 Logistic 回归验证了这一观点。董丽和陈燕平（2016）将新农保视为一种金融产品，有序 Logit 模型的回归结果表明，越是偏好风险的参保者，越倾向于选择低缴费档次，而"大饥荒"经历会影响农户的风险态度，从而影响其缴费档次的选择（阳义南和唐鸿鸣，2018）。张广科和祝月明（2019）认为，养老金替代率偏低、资金锁定周期过长导致农户认为参保不划算，加上对工作网络和财务机制缺乏信任，使其更加倾向选择最低缴费档次，而地方政府"行政异化"进一步强化了这一行为。此外，张宁和李旷奇（2020）基于增量贴现效用模型的敏感性分析，研究了政府补贴对农民缴费积极性的影响。结果表明，个人缴费累进补贴会促使农民提升缴费档次，但基础养老金固定待遇及其年增长率会对农民缴费积极性产生负向影响。

2.4 文献述评

由于各国国情、文化、风俗习惯等方面存在差异，各国的社会养老保险制度也各有不同，并不存在统一的模式，都是根据各自的实际情况建立了比较完善的包括农村养老保险在内的社会养老保险制度。由于我国农村养老保险制度建立较晚，在推行过程中仍存在诸多问题，因此需在实施过程中结合我国实际情况不断进行修改、完善。本书通过梳理文献发现：

（1）关于影响农村居民参保因素的研究较多，国外的研究多局限于分析居民参加某种特定类型的养老金计划的影响因素，不同种族群体的参与情况；国内关于农村居民参保行为的研究，大多基于不同的研究角度，利用从某个或某些地区实地调研获得的截面数据，建立 Logistic、Probit 等模型，分别考察个体特征、家庭特征、社区特征、地区特征、制度设计等众多因素对农村居民是否参保的影响，所得结果也略有差异。

现有实证研究囊括了诸多影响农村居民是否参保的因素，为本书提供了很好的借鉴，但是较少考虑他人对自身行为的影响，有少数学者考虑了同群效应，但是抽样调查得到的数据可能存在同处一群的样本观测值偏少的问题。对城镇化率影响参保率的研究存在应参保人数估算不准确的问题，因此会影响参保率的精确性；并且，已有研究较少从城镇居民养老观念会对农村居民新农保参保行为产生示范效应的角度进行考虑。本书在将理论分析与我国农村现实相结合之后，指出我国农村居民新农保参保行为是有限理性的，并据此对影响农村居民新农保参保行为的因素做出基本判断。基于省市层面，考虑了从众效应和城镇化率对农村居民是否参保的影响。首先，农村居民天然具有产生从众心理的两大条件：一是信息性影响，在面对新农保这样一种前所未有的新制度时，由于制度设计较为复杂，农村居民文化水平相对有限，对政策并不了解，他们的生活环境也相对闭塞，生活圈子较为固定，交往密切频繁，可以做到互通有无，因此，在信息不完全的影响下，参保决策可能会随大流；二是规范性影响，农村居民并不愿意在缴纳养老保险费用一事上太出风头，以免遭受群体性惩罚（如嘲笑和讽刺）。因此，农村居民在作参保决策时的依据，很有可能是"别人参加，我就参加；别人交多少，我就交多少"。其次，我国是典型的城乡二元结构体制，养老保险制度起源于城镇，城镇居民比农村居民更早接触养老保险，也更加习惯于依靠养老保险进行养老。本书认为，城镇化率对农村居民参保行为产生影响的原因可能有三点：一是随着城镇化率的提高，农村居民就业机会增加，与参加新农保相比，他们可能会更加倾向于参加保障水平更高的城镇职工养老保险，从而降低参加新农保的可能性；二是城镇化率的提高会增加农村居民可获得的信息量，这会使他们对新农保越加了解，进而对农村居民参保行为产生促进作用；三是城乡居民养老观念有很大差别，随着城镇化进程的加快，城镇居民的生活和养老方式必然会对农村居民产生示范效应，使其逐渐改变养老观念，进而影响他们的参保行为。

（2）关于农村居民缴费档次的研究，现有研究较少考虑他人缴费行为对自身产生的影响，本书在有限理性的基本假设下，基于省市层面，考虑了从众效应和城镇化率对农村居民缴费档次的选择的影响。此外，现有研究大多将居民缴费档次的选择处理成是否选择最低缴费档次的二元选择变量，建立 Logit 模型或 Probit 模型进行研究，这样的做法可能会造成有序变量信息损失。也有学者将居民缴费档次的选择处理成有序变量，利用实地调研数据建立有序 Logit 或者有序 Probit 模型进行实证分析，这样的做法存在缺陷。由于实地调研时选择的受访者都是已参保群体，忽视了未参保群体，因此所获得的受访样本不能代表总体，据此对参保缴费档次的选择进行研究就可能产生样本自选择问题。为此，本书建立 Heckoprobit 模型，对农村居民缴费档次的选择进行了实证分析，克服了可能存在的样本选择偏倚，结果更为稳健。

（3）现有研究发现了居民缴费档次偏低的现象，并据此提出提高最低缴费档次的建议（王晓洁和杨鹏展，2017；张国海和阳慧，2019），那么，提高最低缴费门槛是否会提升居民的缴费档次呢？本书通过引入是否提高缴费门槛这一虚拟变量，考察了政策变动对农村居民是否参保以及对农村居民缴费档次选择的影响。

（4）在研究内容上，已有文献很少研究城镇居民城居保参保行为，也未对城乡居民基本养老保险中农村居民新农保参保行为和城镇居民城居保参保行为进行比较。本书通过对比分析，进一步揭示了农村居民参保率高、缴费档次低的深层次原因。

第3章

Three

我国养老保险制度的历史沿革

中华人民共和国成立以来，我国经济社会发生了巨变，养老保险制度也在与之相适应的发展中得以不断完善，制度模式从计划经济时期的国家保障模式优化为社会主义市场经济下的统账结合模式，筹资方式从最初的非缴费型退休金制度变更为缴费型的社会养老保险制度，覆盖群体也从初期的只包括就业群体扩大到涵盖全体人民。目前，我国的基本养老保险制度包括城镇职工基本养老保险和城乡居民基本养老保险两大制度，参保人数占全球养老保障总人数的1/3，是世界上覆盖人数最多的养老保险制度（曲哲涵等，2021）。

长期以来，城乡二元体制的存在使城镇居民和农村居民在生活环境、生活方式和养老观念等方面截然不同，这也意味着他们对养老保险制度的看法有所差异，从而其参保行为可能表现得并不相同。为了更加深入地对农村居民新农保参保行为进行研究，我们有必要了解我国养老保险制度的发展历程。

3.1 城镇职工基本养老保险制度的历史沿革

城镇职工基本养老保险制度，也称为职工基本养老保险制度，覆盖了城镇各类企业职工、城镇个体工商户和灵活就业人员。我国的养老保险制度始于城镇，最初只覆盖城镇劳动者群体，国家机关、事业单位工作人员的养老保险制度是从企业职工养老保险制度中分离出来的，在其后的制度变革中又经历了合并、再分再合的过程。城镇职工基本养老保险制度发展史背后反映的是我国经济体制从计划经济向市场经济转轨的变迁过程。

3.1.1　计划经济时期的养老保险制度

中华人民共和国成立初期，我国实行的是计划经济，与之对应的是国家主导的单位化养老，也称为退休养老制度。我国最早的退休办法是1950 年 3 月发布的《中央人民政府政务院财务委员会关于退休人员处理办法的通知》[①]，适用的范围是铁路、邮电、海关等单位的职工，规定符合条件的职工可在退休时一次性领取一笔退休费（张明丽等，2011）。原政务院（1954 年 9 月更名为国务院）于 1951 年 2 月 26 日颁发的《中华人民共和国劳动保险条例》，为我国社会保险制度的发展奠定了基础（陈磊和孙天骄，2021），被公认为是我国正式建立职工养老保险制度的标志。该条例第十五条对养老待遇做出了相关规定，实施办法详见同年 3月 24 日发布的《中华人民共和国劳动保险条例实施细则》。该细则实施之初采取了逐步推广的办法，实施范围有限，因此，政务院于 1953 年对其进行了修正，扩大了实施范围，增加了养老补助费，放宽了养老条件。此后 1956 年又做了进一步修正，覆盖范围再次扩大（周爱民等，2017；郑功成，2002）。该细则规定，男、女职工分别年满 60 周岁、50 周岁后可退休，退休后的养老补助费是按月领取，数额为本人工资的 50%、60%或 70%。这一时期的养老保障只是作为《劳动保险条例》中的重要内容

---

① 濮阳市人力资源和社会保障局．濮阳市直机关事业单位离退休人员服务手册［EB/OL］．(2007-05-22)．hrss.gov.cn．

而存在，并非一项独立的制度。

随着国家机关、事业单位职工生活待遇逐步由供给制过渡到工资制，养老保险制度也从劳动保险制度中剥离出来，成为一项独立的社会保障制度（封铁英和高鑫，2020）。1955年12月国务院颁布《关于国家机关工作人员退休处理暂行办法》，确立了国家机关、事业单位职工的退休制度，将一次性发放退休金改为按月发放，并把女干部的退休年龄提高到55周岁，退休待遇标准为：因公残废退休人员的待遇为本人工资的70%~80%，符合其他条件退休的为50%~70%；对有重大功绩或贡献的退休人员，只规定"可以酌情提高"，未规定具体数额（刘芳和毕可影，2018）。1958年2月，国务院公布施行《关于工人、职员退休处理的暂行规定》，统一了企业事业、国家机关人员的退休制度，明确了相关人员的退休条件和养老待遇，退休费分别由企业和政府筹集、支付，个人无需缴费，因此也被称为"国家/企业保险"模式。随着城镇集体经济的发展，在集体单位工作的职工的退休养老问题亦涌现出来。1966年4月20日颁布的《关于轻、手工业集体所有制企业职工、社员退休统筹暂行办法》《关于轻、手工业集体所有制企业职工、社员退职暂行办法》，首次尝试建立集体所有制职工的退休统筹制度，退休养老金发放额为本人工资的40%~65%。

从1966年5月起，经济社会等各方面发展迟缓，劳动保险管理机构被撤销，养老保险工作也陷入了瘫痪状态。1969年2月10日财政部发布的《关于国营企业财务工作中几项制度的改革意见（草案）》规定，"国营企业一律停止提取劳动保险金"，企业职工退休费用全部由企业支付，"国家/企业保险"模式演变为"企业保险"模式。1978年6月2日国务院颁发《关于工人退休、退职的暂行办法》和《关于安置老弱病残干部的暂行办法》，既标志着我国"国家/企业保险"模式的退休制度的恢复，也再次把国家机关、事业单位工作人员的退休制度与企业职工的退休制度分开（郑秉文，2015）。

3.1.2 市场经济时期的养老保险制度

1978 年，党的十一届三中全会作出了实行改革开放的重大决策，国民经济进入调整时期。1984 年 10 月 20 日中共十二届三中全会的召开拉开了从计划经济体制转向市场经济体制的序幕，原有的在计划经济体制下建立的一套养老保险制度已不再适用。1986 年 4 月通过的《中华人民共和国经济和社会发展第七个五年计划》指出，要进一步增强企业活力，使其自主经营、自负盈亏，真正成为相对独立的经济实体。而社会保障管理体制的改革，应坚持社会化管理与单位管理相结合，并以前者为主。同年 7 月 12 日，国务院发布了《国营企业实行劳动合同制暂行规定》，指出对劳动合同制工人应实行社会保险制度，由企业和工人一起缴纳养老基金，其中，企业缴纳数额为工人工资总额的 15% 左右，工人缴纳数额为不超过本人标准工资的 3%，国家在养老金入不敷出时给予适当补助。1991 年 6 月 26 日国发〔1991〕33 号文件指出，养老保险应由国家、企业和个人共同负担，职工个人也要缴纳一定的费用，缴费标准开始时可不超过本人标准工资的 3%，以后随着经济的发展和职工工资的调整再逐步提高，这一决定对减轻国家和企业负担，促进经济体制改革具有重要作用。1993 年 11 月中共十四届三中全会通过的《中共中央关于建立社会主义市场经济体制若干问题的决定》指出，城镇职工养老由单位和个人共同负担，实行社会统筹与个人账户相结合。国发〔1995〕6 号文件明确要求企业职工养老保险实行社会统筹与个人账户相结合，并提出了两个实施办法，由各地自选其一实施，各地也可结合本地实际，对两个实施办法进行修改、完善，这导致了各地在实践过程中形成了多种不同的方案。国发〔1997〕26号文件将两个办法统一，职工基本养老保险制度的覆盖范围也进一步扩大到城镇所有企业及其职工，城镇个体劳动者也被逐步纳入。2005年国发〔2005〕38号文件改革了基本养老金计发办法，决定从2006年1月1日起将个人账户规模调整为工资的8%，全部由个人缴费构成，扩大了覆盖范围，明确城镇各类企业职工、个体工商户和灵活就业人员都要参加企业职工基本养老保险。

2010年10月28日全国人大常委会第十七次会议通过的《中华人民共和国社会保险法》，标志着我国的社会保险体系建设进入了有法可依的阶段。《社会保险法》规定："职工应当参加基本养老保险，基本由用人单位和职工共同缴纳。无雇工的个体工商户、未在用人单位参加基本养老保险的非全日制从业人员以及其他灵活就业人员可以参加基本养老保险，由个人缴纳基本养老保险费。公务员和参照公务员法管理的工作人员养老保险的办法由国务院规定。"从中可以看出，企业职工和国家机关事业单位工作人员的养老保险制度并不统一，机关事业单位退休人员的养老金水平远远高于城镇企业职工养老保险制度下的养老金水平，这引发了待遇水平差异带来的不公平。2015年1月14日国发〔2015〕2号文件的发布标志着机关事业单位员工的退休养老方式也由单位保障走向了社会保障。自此，机关事业单位工作人员和企业职工一样，也实行了"统账结合"模式，缴费由单位和个人共同负担，单位缴费比例为本单位工资总额的20%，个人缴费比例为本人缴费工资的8%。缴费年限累计满15年的人员，退休后按月领取基本养老金。基本养老金由基础养老金和个人账户养老金组成，前者的月计发标准以当地上年度在岗职工月平均工资和本人指数化月平均缴费工资的平均值为基数，缴费每满 1 年发给 1%，后者的月计发标准为个人账户储存额除以计发月数（根据本人退休时城镇人口平均预期寿命、本人退休年龄、利息等因素确定）。

3.2　城乡居民基本养老保险制度的历史沿革

在城镇职工基本养老保险制度日益完善，覆盖范围逐步扩大的同时，农村居民和城镇无业者一直未能享受到社会养老保障。为了实现全民老有所养，在经历了长期的实践探索后，我国先后建立了新农保、城居保，并在后续的实施过程中将二者合并为城乡居民基本养老保险制度。自此，我国实现了社会养老保险制度全覆盖，进入了一个城乡居民共享经济社会发展成果的时代。

3.2.1　农村居民养老保险制度的发展历程

在我国传统社会中，孝文化深入人心，对农村居民来说，"养儿防老，积谷防饥"的观念早已根深蒂固。中华人民共和国成立初期，农民获得了土地，农民可依靠土地劳作收入保障其老年生活的基本需求。随着农村社会主义改造的完成，农村土地私有制转变为农村集体土地所有制，集体经济分担了部分农民养老责任。1978 年中共十一届三中全会召开之后，农村开始推行家庭联产承包责任制，集体经济逐渐瓦解，家庭作为一个经济单位开始加强，养老方式又回归到传统的家庭养老模式。由于传统的家庭养老模式会受到家庭成员数量、家庭经济状况、道德伦理等因素的影响，此养老模式存在各种不确定性（孙启洋，2014）。随着经济社会的发展和养老保险制度的确立，养老模式已从传统的家庭养老逐步转变为社会化养老保障模式，即个人、家庭、社会和国家都应该成为养老的责任主体，国家应起主导作用，养老保险就是现代社会保险体系中可提供养老保障的一个重要组成部分。在城乡二元结构的格局下，我国农村居民养老保险制度经历了从无到有，从"老"到"新"的变迁。

（1）老农保制度。老农保是指我国从 1986 年开始探索、1991 年进行试点、1992 年正式推广、1999 年停止新业务，由民政部主管的农村社会养老保险制度（邓大松，2014；贺蕊玲，2010）。

1986 年，民政部根据国家"七五"计划关于"抓紧研究建立农村社会保险制度，并根据各地经济发展状况，进行试点，逐步实行"的要求，开始在江苏省张家港市等经济发达地区进行农村社会养老保险工作探索。1991 年 5 月，经国务院同意，民政部开始选择 20 个有条件的县进行农村社会养老保险试点（王亮，2016）。在总结经验的基础上，1992 年民办发〔1992〕2 号文件决定从 1992 年 1 月 3 日起在全国实施农村社会养老保险制度（老农保），以县为基本单位开展，随即这项制度在中国农村逐步推行开来，缴费方式为个人缴纳为主，集体补助为辅，国家给予政策扶持。1993 年国务院批准建立农村社会养老保险机构，1994 年 1 月，民政部设立"农村社会保险司"。1998 年 3 月，国务院机构改革，组建了劳动和社会保障部。1998 年 6 月，国务院办公厅明确将农保职能划转到劳动和社会保障部，并设立了农村社会保险司。

为了保证工作的连续性和稳定性，促进农村社会养老保险事业的健康发展，1998 年 8 月 26 日劳社部发〔1998〕7 号文件要求相关部门明确职责，协同配合。到 1998 年为止，这项制度在农村地区取得了一定的效果，但是问题重重。1999 年 7 月 2 日国发〔1999〕14 号文件指出，我国农村尚不具备普遍实行社会养老保险的条件，要对原来开展的老农保进行清理整顿，停止接受新业务。郑秉文（2020）通过将学术界代表性观点进行归纳，指出了八种导致老农保失败的原因，并从"艾伦条件"视角对其进行了解读。

（2）新农保制度。2002 年 11 月，党的十六大明确提出，有条件的地方要探索建立农村养老保险制度。从 2003 年开始，多地自行开展了有政府财政补贴的新农保试点，并逐渐形成了多种各具地方特色、各有侧重的新农保制度模式（邓大松，2014）。2008 年 10 月，党的十七届三中全会通过的《中共中央关于推进农村改革发展若干重大问题的决定》中首次提出了新型农村社会养老保险的概念。2009 年 9 月 1 日国发〔2009〕32 号文件的发布，标志着新农保制度正式开始进行试点和推广，首批试点覆盖面为全国 10%的县（市、区、旗），以后逐年扩大试点范围。2012 年 7 月 1 日，新农保全覆盖工作全面启动，同年底，新农保实现了制度全覆盖。

新农保采取政府主导和农民自愿相结合的方式，只要年满 16 周岁（不含在校学生）、未参加城镇职工基本养老保险的农村户籍居民，均可以在户籍地自愿参加新农保。参保者可根据自身经济条件灵活选取缴费档次，缴费标准有 100 元/年、200 元/年、300 元/年、400 元/年和500 元/年共计 5 个档次（允许地方增设缴费档次），个人缴费全部计入个人账户，所选档次获得的集体补助和政府补贴也全部计入个人账户。国发〔2009〕32 号文件规定，政策实施时，已年满 60 周岁的、符合参保条件的老人，不用缴费即可按月领取基础养老金，但其符合参保条件的子女应当参保缴费①；距领取年龄不足 15 年的，应按年缴费，也允许补缴，累计缴费不超过 15 年；距领取年龄超过 15 年的，应按年缴费，累计缴费不少于 15 年。到龄后可领取的养老金由基础养老金和个人账户养老金构成，前者由国家财政全额支付，每个人领取到的数额都一样；后者的月计发标准为个人账户全部储存额除以 139。

与此前实行的自我储蓄模式的老农保制度相比，新农保制度的显著不同之处在于增加了政府补贴。政府补贴分为"入口补贴"和"出口补贴"，前者是指农村居民缴纳养老保险费时，可享受政府补贴，缴费档次越高，补贴越高；后者是指达到领取养老金年龄的农村居民，可终身领取由国家财政全额支付的基础养老金。对于农村居民而言，政府补贴不仅增强了他们的储蓄养老意识，而且提高了他们可预期的未来养老金收入②，为他们的老年生活提供了保障。

3.2.2 城镇居民养老保险制度的发展历程

自 2009 年新农保试点工作开展以来，城镇非从业居民便成为唯一未被养老保险覆盖的群体，只有将这一被忽视群体的养老保障问题解决了，才能实现全民老有所养的目标。

为解决城镇居民的养老问题，在综合各地试点情况的基础上，国发〔2011〕18 号文件决定，从 2011 年 7 月 1 日起启动城镇居民养老保险试点工作，与新农保试点共同推进。2012 年 7 月 1 日新农保和城居保

---

① 学术界将这一规定称之为"捆绑缴费"或者"捆绑政策"，这一规定在国发〔2014〕8 号文件中已被取消。

② 仅靠个人储蓄进行养老的居民可预计的老年总收入＝个人储蓄总额＋利息；参保居民每月都可领取一笔养老金收入＝（个人缴费累计总额＋集体补助＋政府补贴＋利息）÷139＋基础养老金。

试点全覆盖工作正式启动，实现了 2012 年城居保制度全覆盖的目标。城居保规定只要年满 16 周岁（不含在校学生）并且不符合城职保参保条件的城镇非从业居民，均可在户籍地自愿参加城居保。与新农保一致，城镇居民可自愿选择参加城居保，并根据自身经济水平选择缴费档次，缴费标准为 100 元/年至 1000 元/年（每档相差 100 元）共计 10 个档次（允许地方政府增设缴费档次）。城居保的建立补齐了我国养老保险制度最后一块空白，它与城职保、新农保共同构成了我国社会养老保险体系。

除参保对象和缴费档次外，新农保与城居保在筹资方式、待遇支付等方面完全一致，加之符合城居保参保条件的城镇居民群体远远少于符合新农保参保条件的农村居民，为了整合资源、提高效率，实现城乡基本公共服务均等化，国发〔2014〕8 号文件决定将两项制度合并实施，在全国范围内建立统一的城乡居民基本养老保险制度。至此，我国形成了"职工"和"居民"两大养老保险体系，实现了制度的全覆盖。

3.3　不同养老保险制度的比较分析

我国养老保险制度历经 70 多年的发展，现已形成比较成熟、相对完善且覆盖全民的城镇职工基本养老保险制度和城乡居民基本养老保险制度。养老保险制度的最终目标是实现全民老有所养，保障全民的老年生活水平，而不同制度在参保群体、筹资方式、待遇支付等方面的差异，也决定了不同制度之间的保障水平存在差异（见表 3.1）。

表 3.1 不同养老保险制度的比较

类别	城镇职工基本养老保险	城乡居民基本养老保险	
		新农保	城居保
主管部门	人力资源和社会保障部 养老保险司	人力资源和社会保障部 农村社会保险司	
覆盖群体	城镇各类企业职工、城镇个体工商户和灵活就业人员	年满 16 周岁（不含在校学生）、未参加城职保的农村户籍居民	年满 16 周岁（不含在校学生）、未参加城职保的城镇户籍居民
制度模式	社会统筹和个人账户相结合	社会统筹和个人账户相结合	
筹资方式	用人单位缴费+个人缴费+政府补贴 城镇个体工商户和灵活就业人员没有单位，需要自己承担全部缴费额	个人缴费+集体补助+政府补贴	
缴费额	个人工资扣除 8%+用人单位缴纳 16%[①]； 城镇个体工商户和灵活就业人员参保须个人全部承担	个人从 100 元/年至 1000 元/年（每档相差 100 元）、1500 元/年和 2000 元/年等诸多档次（允许地方增设缴费档次）中任选一档	
养老金账户资金来源	基础养老金账户	用人单位所缴部分，不可继承	政府补贴部分，不可继承
	个人养老金账户	个人所缴部分，不能提前支取、会计息、可继承	个人所缴部分，不能提前支取、会计息、可继承

① 中华人民共和国中央人民政府. 国务院办公厅关于印发降低社会保险费率综合方案的通知［EB/OL］.（2019-04-04）. https：//www.gov.cn/zhengce/zhengceku/2019-04/04/content_5379629. htm.

续表

类别		城镇职工基本养老保险	城乡居民基本养老保险	
			新农保	城居保
养老金领取条件		男性年满 60 周岁，女性年满 55 周岁，缴费满 15 年	政策实施时，已年满 60 周岁、未享受城职保待遇的，不用缴费可直接领取；距领取年龄不足 15 年的，允许补缴，累计缴费不超过 15 年；距领取年龄超过 15 年的，累计缴费不少于 15 年	
养老金计发办法	基础养老金	月标准以当地上年度在岗职工月平均工资和本人指数化月平均缴费工资的平均值为基数，缴费每满 1 年发给 1%	国家统一规定	
	个人账户养老金	个人账户储存额/计发月数	个人账户储存额/计发月数	

资料来源：根据相关文件整理得出。

从表 3.1 可以看出，不同的覆盖群体，意味着收入水平存在差距，城镇职工每月会有稳定的收入来源，而灵活就业人员的收入缺乏稳定性，未从业的城乡居民的收入也具有不确定性，这就决定了缴费水平会有所差异，导致到龄后领取的养老金收入大不相同。此外，灵活就业人员虽可参加城镇职工基本养老保险，但全部缴费需要自我负担，对收入较低的人员来说，可能会面临较大的经济压力。根据国家统计局披露的信息，截至 2021 年底，我国有 2 亿灵活就业人员，占总就业人数的比重超过 1/4。2021 年 7 月 16 日，人力资源社会保障部等八部门共同印发的《关于维护新就业形态劳动者劳动保障权益的指导意见》中就明确指出，要组织未参加职工基本养老保险的灵活就业人员，按规定参加城乡居民基本养老保险，做到应保尽保。因此，城乡居民基本养老保险制度可作为兜底政策，助力于实现全民享受养老保障的目标。

由于宏观数据只公布了不同养老保险制度的基金总支出①，没有公布具体的养老金待遇支出，为此，本书利用 CHFS 2013 年、2015 年、2017 年和 2019 年的数据，对不同养老保险制度的待遇水平进行整理，结果如表 3.2 所示。通过比较分析可以发现，不同养老保险待遇领取水平存在较大差异，新农保待遇领取额最低，城居保次之，国家机关和事业单位养老金领取额最高。由于新农保和城居保待遇支付办法一致，基础养老金领取额相等，因此，待遇领取额的差异就是由个人账户积累总额的差异造成的，而个人账户积累总额与缴费档次的选择和缴费年限有关。因此，要想提高新农保养老保障水平，就必须提升农村居民缴费档次，延长农村居民缴费年限。

表 3.2　不同养老保险制度养老金的领取额　　　　单位：元/年

养老保险制度类别	年份	样本容量	均值	标准差
新农保	2013	4476	2318.9840	3705.0540
	2015	9917	2955.2660	4889.3420
	2017	14571	3585.6430	5747.9240
	2019	12614	3577.3210	5402.3050
城居保	2013	1051	13525.2300	10130.8000
	2015	2075	14256.9500	10859.5700
	2017	3436	17164.7900	13938.1000
	2019	3799	12442.9000	13733.2900

---

① 详见历年《中国统计年鉴》中的主要指标解释。

续表

养老保险制度类别	年份	样本容量	均值	标准差
城职保	2013	4633	24990.3000	9447.7550
	2015	6480	28817.8100	11018.6800
	2017	8620	33078.0500	13795.9100
	2019	6511	34947.8500	14197.3700
国家机关和事业单位	2013	2699	31507.7400	14835.4000
	2015	4983	35127.6600	15686.0700
	2017	5796	40537.8400	20884.6700
	2019	4644	43605.7000	21468.0400

资料来源：根据 CHFS 2013 年、2015 年、2017 年和 2019 年的数据整理得出。由于 2011 年新农保和城居保还处于试点期，并未覆盖全国，因此没有使用 2011 年的数据。

3.4 小结

本章通过对我国养老保险制度的历史沿革进行梳理发现：①养老保险制度兴起于城镇，率先覆盖了职工，随后过渡到了居民。因此，城乡居民所依赖的养老手段存在差异。城镇职工的养老问题一直依赖于城职保，在新农保制度和城居保制度未出现之前，城镇无业居民和农村户籍居民并未被社会养老保险制度所覆盖，他们的养老问题更多依靠的是传统的家庭养老。②虽然我国已经实现了养老保险制度全覆盖，但是不同的养老保险制度之间的待遇差别较大。目前，城职保制度基本可以为退休职工的养老提供足够的保障，而新农保制度仍处于起步阶段，仅能达到"保基本"的目的。此外，对于城乡居民基本养老保险这一制度框架下的城乡居民而言，城居保的待遇水平高于新农保。由于新农保和城居保待遇支付办法一致，基础养老金领取额相等，因此，待遇领取额的差异是由个人账户积累总额的差异造成的，而个人账户积累总额与缴费档次的选择和缴费年限有关。新农保试点比城居保试点早两年，由此本书猜测，与城镇居民相比，农村居民更倾向于选择低的缴费档次，进而导致待遇水平存在差距。产生这一现象的可能原因是城乡居民收入水平和养老观念方面存在较大差异。从养老保险制度的变迁史可以看出，自中华人民共和国成立之初，城镇居民要先于农村居民更早接触养老保险，因此可能更加认可社会化养老保障方式，而农村居民千百年来养儿防老的观念根深蒂固，一时难以转变。

第4章

Four

影响农村居民参保行为的
理论分析与基本假设

在人类社会发展的很长时期内，养老依靠的是家庭养老，是一种非正式的制度安排（North，1990；王凯，2004；韩振燕和柳汀，2021；蒲晓红等，2022），而工业革命带来的社会分工使养老的功能从家庭走向了社会（李绍光，1998），养老保险作为一种正式制度建立起来，形成了社会化养老保障模式。从个人层面来看，对养老保险制度进行解释的最基本的理论是生命周期假说。养老保险制度是实现个人在生命周期内分配收入、平滑消费的工具，即个人在工作期间参保，并将一部分收入用于缴纳养老保险费用，在退休期间领取养老金用于消费，以平滑一生的消费。从社会层面来看，政治经济学派的相关理论、市场失灵理论、收入再分配理论和父爱主义理论可以为政府介入养老保险制度提供理论依据。养老保险制度是对代际内、代际间收入进行再分配的制度安排，即代际内将收入从高收入者向低收入者进行转移，或者代际间将收入从工作的一代向退休的一代进行转移（刘苓玲和李培，2012）。由于生命周期假说的成立需要同时满足个人理性、不存在不确定性、不存在流动性约束这三个条件，而这三个条件在我国农村现实中往往难以全部满足。因此，笔者将理论和我国农村现实相结合，指出我国农村居民新农保参保行为是有限理性的，据此对影响农村居民新农保参保行为的因素做出基本判断。

4.1　基本理论

4.1.1　生命周期假说

生命周期假说由 Modigliani 和 Brumberg 于 1954 年提出，并由 Ando 和 Modigliani（1963）对其做了进一步的补充和发展。该假说将人的一生分为工作期和退休期，工作期可通过劳动获得收入，而退休期无法获得收入。理性经济人会根据效用最大化原则进行跨期消费决策，在工作期间将一部分收入进行自我储蓄，以用于退休后的消费，从而实现其在整个生命周期内消费的最佳配置。因此，理性消费者的即期消费取决于其一生的收入而非当期收入。

以生命周期假说为基础，消费者可以选择个人储蓄模式进行养老，即个人在工作期间进行储蓄，在退休期借助以往的储蓄满足老年生活需求。对于个人储蓄模式来说，可能会遭受通货膨胀，导致储蓄缩水。此外，随着人均预期寿命的延长，只依靠个人储蓄可能会致使储蓄不足，从而无法满足自己的养老所需。而政府介入并建立的社会养老保险可以解决个人储蓄养老模式可能面临的风险。首先，参加社会养老保险意味着到龄后每月都可以领取一笔稳定的养老金收入，而且基础养老金会随着收入的增长和物价的变动不断调整，以免受通货膨胀的影响。其次，养老金会一直发放直至参保人死亡，如果此时个人账户积累额仍有剩余，可依法继承，而且会发放丧葬费等补贴。如果因为人均预期寿命的延长而导致个人账户积累额发放完毕，政府仍会按之前的发放标准按月支付给参保人养老金，这也是社会养老保险的隐性福利。

然而，生命周期假说的成立依赖于如下三个基本假定：一是消费者是充分理性的，不存在短视；二是不存在不确定性，未来收入是固定的；三是资本市场完善，不存在流动性约束。根据生命周期假说，养老保险的存在会为人们退休期的生活提供收入，减少他们在工作期间的储蓄数量，也即养老保险和储蓄之间存在一对一的替代关系。但是，Munnell 和 Yohn（1992）的研究发现，资本市场的不完善会导致人们不能自由借贷，因此会增加储蓄，减少了养老保险对私人储蓄的替代。因此，对养老保险和储蓄关系的研究，就必须考虑流动性约束。

4.1.2　世代交叠模型理论

由于每个人都拥有有限的生命，年老一代的逝去也会伴随着新一代人的进入，相同时期总是生活着不同代际的人，为此，Samuelson（1958）和 Diamond（1965）在生命周期假说的基础上建立了世代交叠模型，也称为戴蒙德模型。OLG 模型认为，每一代人在其生命的不同时期都与不同代人进行代际交换，从而实现一生效用最大化。与生命周期假说不同，世代交叠模型考虑了人口的新老交替，因此可以更好地阐释养老保险制度的内在逻辑。

考虑一个简单的两期 OLG 模型（袁志刚和宋铮，2000；朱波，2015），假设一个标准行为人的一生可划分为青年时期和老年时期，第 t 期的青年在第 $t+1$ 期进入老年期，第 $t+1$ 期的青年在第 $t+2$ 期进入老年期，这就意味每期都存在一代青年人和一代老年人，行为人在青年时期可从事劳动生产并获得收入，而老年时期只消费并不生产，则第 t 期的青年人的效用函数可以表示为：

$$U_t = u(c_{1t}) + \frac{u(c_{2t+1})}{(1+\rho)} \tag{4.1}$$

其中，c_{1t}、c_{2t+1} 分别表示同一行为人在青年期 t 和老年期 $t+1$ 的消费，ρ 为跨期的主观贴现率。预算约束条件可表示为：

$$c_{1t} + s_t = w_t \tag{4.2}$$

$$c_{2t+1} = (1+r_{t+1})s_t \tag{4.3}$$

其中，s_t、w_t 和 r_{t+1} 分别表示第 t 期的储蓄、收入和第 $t+1$ 的利率。

OLG 模型中提到的同一时期存在的两代人，可分别称为父代和子代。Samuelson（1958）、保罗·舒尔茨（2005）和郑红等（2019）的研究均指出，对于父代而言，子代与储蓄在经济意义上的功能一致，可以互相替代，都可以满足父代的养老需求。因此，千百年来深入人心的养儿防老观念，即为世代交叠模型中的父代抚育子代，子代赡养父代的抽象概括。养儿防老模式即为收入在家庭内部进行代际转移。

与家庭代际转移不同，社会代际转移指的是，在同一时期，存在工作的一代和退休的一代，工作的一代需要将收入的一部分用于缴纳养老保险金，退休的一代无需缴纳养老保险金，可以从工作的一代的收入中获得代际转移。

以世代交叠模型为理论基础，个人可以选择养儿防老模式进行养老，即通过家庭代际转移实现一生效用最大化，也可以选择社会化养老保障模式进行养老，即通过社会代际转移实现一生效用最大化。对于养儿防老模式来说，可能面临经济条件不足（于长永，2018），子女无心赡养老人的伦理道德风险（白维军，2021），而社会化养老保障模式可以较好地规避这些风险。随着经济社会的发展与社会养老保险制度的出现，在我国人口老龄化程度不断加深和家庭呈现小型化、空巢化等特点的背景下，养老方式也在经历着从传统的以家庭养老模式为主向社会化养老模式的转变（林宝，2010，2021），对于农村居民来说，这一转变过程并非一蹴而就，可能需要很长时间（张川川和陈斌开，2014）。

无论人们依赖哪种养老模式，目的都是追求一生效用的最大化，但是三种养老模式实现效用最大化的方式有所差异。个人储蓄依靠的是自我储蓄，养儿防老依靠的是代际转移，而社会化养老依靠的是社会养老保险制度，三者最大的区别在于是否进行强制性储蓄。个人储蓄不具有强制性，对于 OLG 模型反映的家庭代际转移的养儿防老模式而言，由于子女和储蓄可以相互替代，因此也具有非强制性，而参加社会养老保险所享受的权利是与缴费义务相对应的，一旦选择参加社会养老保险，意味着必须履行缴费义务，应在工作期间将收入的一部分用于缴纳养老保险费，以便为老年期提供收入，从而实现一生效用最大化。

由于个人养老和家庭养老存在各种风险，因此需要政府参与并建立正式的养老保险制度来保障老年人的基本生活。对政府介入养老保险制度的理论研究可分为政治经济学和新古典主义经济学两大学派，前者更加注重宏观层面，着重研究养老保险制度的变迁；后者则从新古典主义经济学的微观基础出发，着重研究养老制度对其他经济变量的影响。

4.1.3 政治经济学派的相关理论

Williamson 和 Pampel（1993）用如下五个理论归纳了养老保险制度的起源与发展：①工业主义论。该理论认为，产生养老保险制度的决定性因素是工业化和经济发展水平，工业化程度越高的国家，可用于支付公共养老金的资金就越多。②社会民主论。该理论认为，劳动者与资本家之间的斗争是国家建立社会养老保险制度的原因，斗争过程中社会民主和工会力量的大小决定了不同国家养老保险待遇的高低。③新马克思主义论。该理论强调，养老保险制度具有社会控制作用，可以缓解改变收入分配所带来的压力。④新多元主义论。该理论强调利益集团在养老保险制度形成过程中的作用，只有在一个民主的政治结构前提下，利益集团才能实现对养老保险制度改革的操纵。⑤国家中心论。该理论强调，国家管理体制上的结构性要素对养老保险制度的影响。稗斯麦从日耳曼帝国继承下来的行政管理因素是其率先在德国建立第一个养老保险制度的关键；英国比美国更早建立起养老保险制度得益于英国更早地设立了专门的管理机构负责公共福利。

4.1.4　市场失灵理论

新古典学派主要围绕国家与市场的关系探讨养老保险制度的起源，市场失灵理论是其中最主要的理论之一。市场失灵这个概念最早由 Bator 于 1958 年提出。市场失灵理论是指市场在配置资源时无效率，从而造成整体社会福利的损失。养老保险属于社会保险的险种之一，保险市场是一个风险市场，引起保险市场失灵主要有以下四种原因（李绍光，1998）：

（1）战争、恶性通货膨胀和瘟疫等原因导致的不可分散的风险，此时的应对之法为风险共担，而政府作为唯一拥有资源和权利并能代表公共利益的社会机构，须为风险承受者提供支持。

（2）逆向选择。这主要是由交易双方掌握的信息不对称导致高风险群体更愿意购买保险而低风险群体反而不会选择购买保险的现象，这可能会引起保险供给方收支失衡。此时，政府介入并强制实施全面保险可以在一定程度上解决此问题（张欢，2006；林义，1997）。

（3）道德风险。这是指保险需求方因购买保险有意放松了对风险的规避，保险供给方对此无法进行完全监督而产生的风险。针对这种情况，政府可以通过制定一定的标准筛选出合格的受益者（Creedy and Disney，1985）。

（4）由于私人市场上存在交易成本而引起的市场失灵，国家建立的养老金制度可以避免这种交易成本（Eline and Van，1994）。

上述四种原因导致保险市场失灵是政府介入养老保险的一个重要理论依据。

4.1.5 收入再分配理论

收入再分配理论是政府介入养老保险的另一个重要理论依据（刘影春，2013；于建华，2016）。效率与公平是社会所追求的目标，资源配置最优即为有效率，收入分配平等即为公平，然而很多时候二者是相互矛盾的。在初次分配注重效率的原则下，再分配主要是为实现公平，而养老保险的重要功能之一就是可以通过税收、征缴费用或者政府转移支付等方式实现收入再分配。事实上，养老保险可以通过两种不同的方式发挥收入再分配的作用：第一种是在代内，这意味着将收入从收入相对高的人向收入相对低的人进行再分配，以减缓收入不平等；第二种是在代际间，主要是工作的一代向退休的一代进行的转移支付（刘苓玲和李培，2012）。

4.1.6 父爱主义理论

对养老保险制度的产生与发展做出解释的另一个重要理论是父爱

主义理论。Diamond（1977）认为，如果放任个人进行自我储蓄而不加干涉的话，那么他们的储蓄并不足以维持其年老后的生活。他认为，造成人们储蓄不足的主要原因有三个：一是个人难以获得适当的信息以便对退休后所需的储蓄作出明智的判断；二是个人在不确定性的条件下难以做出决定；三是个人是短视的，会选择在当前进行更多的消费，而在未来少消费。个人储蓄不足不仅会使自身的老年生活陷入窘迫，而且会对社会产生消极影响，此时，政府出于父爱主义会选择介入，通过建立一个强制缴费的养老保险计划，合理安排个人生命周期内的消费和储蓄，以便为人们的老年生活提供保障。除了以上导致个人储蓄不足的原因之外，个人"理性"也会造成储蓄不足，即由于个人预期到政府不会对因个人储蓄不足致使老年生活陷入贫困的群体坐视不理，因此会选择在年轻时减少储蓄或者不储蓄，显然这不是帕累托最优，解决办法之一就是强制要求人们在年轻时进行储蓄，因此，由政府介入产生的养老保险具有强制性（袁志刚，2005；余桔云，2015）。

4.2   我国农村的现实问题

4.2.1   养儿防老观念短期难以改变

养老保险制度在农村的长期缺失使农村居民整体而言更习惯于依靠家庭进行养老。如4.1.2节所述，养儿防老是世代交叠模型中父代抚育子代，子代赡养父代的抽象概括。随着经济社会的发展，市场化程度的不断提高，传统的养儿防老模式已不再适用于当前形势，新农保制度的建立就是为了实现农村居民老有所养的目标，以克服养儿防老可能面临的经济能力不足和子女无心赡养老人的道德风险。然而，千百年来，农村居民早已习惯了养儿防老，正如习惯形成理论中指出的当前行为会受到以往行为的影响一样（杭斌，2009），长期形成的养老习惯很难在短期发生改变。

与农村居民习惯于养儿防老不同，我国城镇居民更习惯于依靠养老保险制度进行养老。我国养老保险制度起源于城镇，养老保险金目前已成为退休职工最主要的经济来源，因此城镇居民的养老观念和所依赖的养老手段的转换要远早于农村，而且城镇居民具有的制度可选择性也多于农村。为了解农村居民与城镇居民在养老观念方面的差异，根据CHFS 2013 年和 2015 年问卷中提及的"您计划最主要的养老方式是什么?""您认为有子女的老人的养老应该主要由谁负责"这两个问题，汇总整理的描述性统计结果如表4.1和表4.2所示。

表 4.1　城乡居民计划最主要的养老方式　　　　　　　单位:%

最主要的养老方式	年份	按户口划分	
		农村	城镇
子女赡养	2013	47.05	23.68
	2015	51.15	24.46
自己储蓄、投资	2013	45.18	47.37
	2015	49.45	47.06

续表

最主要的养老方式	年份	按户口划分	
		农村	城镇
社会养老保险	2013	36.49	47.95
	2015	40.88	53.56
离退休工资	2013	1.67	11.99
	2015	1.33	9.91
商业养老保险	2013	3.15	8.48
	2015	2.26	6.19
配偶或亲属支持	2013	2.75	3.22
	2015	3.60	3.41
其他（请注明）	2013	1.00	2.05
	2015	0.81	1.55

注：①在 CHFS 问卷中，该问项可多选，因此加总结果并非 100%；②由于 2017 年和 2019 年问卷没有该问项，因此没有列出 2017 年和 2019 年的相关数据。

资料来源：根据 CHFS 2013 年和 2015 年的数据整理得出。

表 4.2 城乡居民认为有子女的老人的养老责任方　　　单位：%

有子女的老人的养老负责方	年份	按户口划分	
		农村	城镇
主要由政府负责	2013	7.05	9.62
	2015	6.92	9.37
主要由子女负责	2013	55.20	35.57
	2015	58.20	36.23

续表

有子女的老人的养老负责方	年份	按户口划分	
		农村	城镇
主要由老人自己负责	2013	11.26	13.42
	2015	10.70	15.80
政府/子女/老人责任均摊	2013	26.49	41.39
	2015	24.18	38.60

注：由于2017年和2019年问卷没有该问项，因此没有列出2017年和2019年的相关数据。
资料来源：根据CHFS 2013年和2015年的数据整理得出。

从表4.1可以看出，与城乡居民计划最主要的养老方式截然不同，对于农村居民而言，子女赡养仍是最主要的养老方式，而城镇居民选择的最主要的养老方式是社会养老保险。此外，农村居民对社会养老保险的依赖人数比例在增加，但仍低于城镇居民对社会养老保险的依赖人数比例，说明社会养老保险要想深入人心，成为农村居民决定性的养老手段，还有很长的路要走。从表4.2可以看出，社会化的养老方式并非农村居民的首选，他们仍旧认为养老主要由子女负责，政府/子女/老人责任均摊次之；而城镇居民恰恰相反，他们认为养老责任主要由政府/子女/老人均摊，其次是靠子女。笔者认为，城乡居民对社会化养老方式的接受和认可程度与我国养老保险制度的历史沿革密切相关。养老保险制度兴起于城镇，之后才在农村推行。也就是说，城镇居民的养老保障模式转换要早于农村居民，他们比农村居民更习惯于依靠社会化的养老方式解决养老问题。

4.2.2　居住环境固定且文化水平有限

与城镇居民相比，农村居民居住环境相对固定，他们长期生活在熟人社会，交往密切频繁，彼此之间可以做到信息互通有无。此外，农村居民文化水平相对有限，这也决定了他们对新生事物的理解和接受能力相对较弱。这两个现实情况使农村居民在面对设计较为复杂的新农保这样一种新生制度时，容易产生从众心理，人们的参保行为很可能表现为"别人参加，我就参加；别人交多少，我就交多少"。

从众是一种盲目行为，可以通过人们的偏好并非相互独立，而是受他人影响来作出解释。"非独立偏好"一词最早出现在 1949 年 Duesenberry 的著作 *Income，Saving and the Theory of Consumer Behavior* 中。Leibenstein（1950）在非独立偏好的假设之下，根据消费动机将消费者对商品与服务的需求分为功能性需求和非功能性需求，前者是指对商品的部分需求是由商品本身固有的品质决定的，后者是指消费者对商品的部分需求源自商品固有品质以外的因素，其中最重要的一种是因消费商品能带来外部效应而进行消费。这里的外部效应可分为从众效应、势利效应和凡勃伦效应。从众效应是指消费者对某种商品的需求会因他人消费该商品而增加。也就是说，消费者在做出消费选择时会与别人保持一致，即"随大流"（Leibenstein，1950；Deutsch and Gerard，1935）。Deutsch 和 Gerard（1955）将产生从众的原因分为信息性社会影响和规范性社会影响，前者是指个体将来自他人的信息作为对现实的正确理解而选择与他人行为保持一致，后者是指个体为了免受来自群体的惩罚（如被排挤或嘲笑）或者为了得到来自群体的奖励（如受喜欢或者被接受）而选择与他人保持一致。Aronson（1972）认为，在很多情况下，人们之所以选择遵从他人是因为他人的行为是其行动的唯一指南。当客观现实尚不清楚时，他人就成了信息的一种主要来源，人们经常依赖于他人作为决定现实的一种方法。相比于为获得来自群体的奖赏或为免受来自群体的惩罚所引发的从众行为，为了获得有关恰当行动的信息而去观察别人所引发的从众行为更具有广泛性。

新农保制度的出台与推广实施，是我国历史上首次有政府介入的旨在解决农村居民养老问题的重要手段。政府承担起农村居民养老的部分责任，相当于逐步淡化家庭代际转移的养老模式，努力实现向社会化养老模式的转变。由于制度的设计较为复杂，加之宣传力度不足、宣传方式不够灵活、农村居民文化水平有限，导致很多农村居民对其并不了解。此外，他们居住较为集中，长期生活在熟人社会，生活环境相似，联系也很紧密。为避免犯错，农民在做参保决策时，会将他人所掌握的信息视为其自身的信息来源，选择和他人的行为保持一致，也即"随大流"。从众效应意味着当其他人做出同样的选择时，来自特定行为的效用会增加（Durlauf and Ioannides，2010）。

4.2.3　城镇化率逐年提高

改革开放 40 多年来，我国城镇化率逐年提高，1978 年为 17.92%，到 2021 年已升至 64.72%。从附表 2.1 可以看出，在城镇化率逐年提高的同时，地区间也存在明显差异。例如，2021 年上海的城镇化率最高，为 89.30%；北京的城镇化率次之，为 87.50%；西藏的城镇化率最低，为 36.61%。笔者认为，城镇化率会影响农村居民新农保参保行为，可能的原因如下：

第一，城镇化率越高的地区，就业机会越多，大量农村青壮年劳动力可能选择进城务工，这会产生两种不同的影响：一方面，与参加新农保相比，他们可能更加倾向于参加保障水平更高的城镇职工养老保险，从而降低参加新农保的可能性；另一方面，农村居民预期未来的收入会提高，如果农村居民将新农保视为主要的养老手段，必然会提高缴费档次。

第二，城镇化率的提高会增加农村居民可获得的信息量，这会使他们对新农保产生更加深刻的认识与理解，因此有助于对农村居民参保行为产生促进作用。

第三，如4.2.1节所述，我国城乡居民养老观念有很大差别，随着城镇化率的提高，越来越多的农村居民涌向城市，城镇居民的生活和养老方式必然会对他们产生示范效应，使其逐渐改变养老观念，进而影响他们的参保行为。

"示范效应"一词最早由 Duesenberry（1949）提出。他认为，消费问题的本质在于理解人们对特定商品的欲望是如何产生或者如何改变的，而非独立偏好可以解释这一问题。在考虑到非独立偏好之后，人们产生消费欲望的原因之一是为了与他人攀比。例如，如果人们看到他人的房子比自己的更好，会对自己的房子感到不满，而消除这种不满的方法就是增加支出。这种消费行为会受到周围人群消费水平的影响。这就是"示范效应"。

4.2.4　收入水平较低且收入稳定性差

近年来，我国农村居民收入增长较快，但与城镇居民相比，收入差距仍然较大。从表4.3和表4.4可以看出，2014年农村居民和城镇居民人均可支配收入分别为10488.88元和28843.85元，城乡收入比为2.75；

2021 年农村和城镇居民人均可支配收入分别提高到 18930.90 元和 47411.90 元，城乡收入比值为 2.50，城乡居民收入差距较大。此外，对于城镇居民来说，工资性收入是收入的主要来源，占人均可支配收入的 60% 以上；对于农村居民来说，工资性收入和经营净收入是收入的两大主要来源，2014 年工资性收入和经营净收入的占比分别为 39.59% 和 40.40%，从 2015 年开始，工资性收入占比逐渐超过经营净收入占比，到 2021 年，二者占比分别为 42.04% 和 34.69%。受自然灾害、市场波动等因素的影响，农村居民的收入具有不确定性，而且外出务工人员的工资收入也不稳定，加之农村信贷市场并不完善，大多数农民只能靠民间借贷，这也导致农村居民更容易受到流动性约束的影响，不确定性的增大也会强化流动性约束。

表 4.3　2014~2021 年农村居民人均可支配收入及其构成

年份	人均可支配收入（元）	工资性收入占比（%）	经营净收入占比（%）	财产净收入占比（%）	转移净收入占比（%）
2014	10488.88	39.59	40.40	2.11	17.90
2015	11421.71	40.28	39.43	2.20	18.09
2016	12363.41	40.62	38.35	2.20	18.83
2017	13432.43	40.93	37.43	2.26	19.38
2018	14617.03	41.02	36.66	2.34	19.98
2019	16020.67	41.09	35.97	2.36	20.58

年份	人均可支配收入 （元）	工资性收入占比 （%）	经营净收入占比 （%）	财产净收入占比 （%）	转移净收入占比 （%）
2020	17131.47	40.71	35.48	2.44	21.37
2021	18930.90	42.04	34.69	2.48	20.80

注：由于 2013 年及之前公布的数据为农村居民人均纯收入，因此表中并未列出 2014 年之前的数据。

资料来源：2022 年《中国统计年鉴》。

表 4.4　2014~2021 年城镇居民人均可支配收入及其构成

年份	人均可支配收入 （元）	工资性收入占比 （%）	经营净收入占比 （%）	财产净收入占比 （%）	转移净收入占比 （%）
2014	28843.85	62.18	11.37	9.75	16.70
2015	31194.83	61.99	11.14	9.75	17.12
2016	33616.25	61.47	11.22	9.73	17.58
2017	36396.19	61.00	11.17	9.91	17.92
2018	39250.84	60.62	11.32	10.26	17.80
2019	42358.80	60.35	11.43	10.37	17.85
2020	43833.76	60.18	10.75	10.55	18.52
2021	47411.90	60.07	11.35	10.66	17.92

资料来源：2022 年《中国统计年鉴》。

虽然新农保制度采取自愿参保原则，但是一旦选择参保，就必须履行缴费义务，且最优选择就是不退保、不断缴，直至符合待遇领取年龄。然而，由于农村居民收入普遍较低，可能出现短视行为，将收入更多地用于当前消费。如果收入减少冲击，可能导致参保人员出现养老保险断缴的情况，影响到龄后可领取的养老福利。新农保制度中政府的职责具体体现在对缴费阶段的农村居民提供入口补贴，对待遇领取阶段的参保者提供出口补贴。新农保的筹资方式采取个人缴费、集体补助加政府补贴，这些全部计入个人账户。参保者可从由低到高多个缴费档次中选择与自身经济能力相匹配的缴费额按年进行缴费，并获得与之相对应的政府入口补贴。如果因收入不确定性等因素造成养老保险缴费中断，则中断年份无法享受政府的入口补贴，个人账户积累额将会减少，从而降低到龄后可领取到的养老金数额。因此，收入低的农村居民抵御风险能力不足，更容易遭受损失，而收入高的农村居民抵御风险的能力较强，会倾向于选择高的缴费档次。

4.3 关于农村居民参保行为的
理论假设与基本判断

综上所述，影响农村居民新农保参保行为的理论分析基础为生命周期假说，然而，我国农村存在养儿防老观念短期难以改变、居住环境固定且文化水平有限、城镇化率逐年提高、收入水平较低且收入稳定性差等一系列现实问题，这就使生命周期假说赖以成立的条件难以全部满足。

对农村居民来说，传统观念、短视、收入不确定性和流动性约束等因素会影响他们的参保行为，因此，农村居民新农保参保行为中的经济理性更多地表现为有限理性。

4.3.1　有限理性假设

有限理性这一概念最早由阿罗提出，他认为人的行为"既是有意识的理性，但这种理性又是有限的"。Simon（1947）认为完全理性在现实中很难实现：一是环境是复杂且具有不确定性的，信息也不完全，人们不可能罗列出所有可能的结果；二是人的计算能力和认识能力是有限的，无法充分利用所掌握的大量信息寻找到最优方案，最终得到的是已知方案中令人满意的、合理的方案。因此，虽然人们主观上追求完全理性，但客观上只能有限地做到这一点。

4.3.2　影响农村居民参保行为因素的基本判断

通过将理论分析与我国农村现实相结合，笔者认为，农村居民新农保参保行为是有限理性的，具体表现如下：①养儿防老已成为农村居民的一种习惯，在短期内很难改变，而习惯形成是回顾式的，因此农村居民的参保行为会表现出有限理性。②农村居民的参保行为并非相互独立的，其参保行为可能会受从众效应和城镇化率的影响。③农村居民收入较低且具有不稳定性，加之信贷市场的不完善，容易受到流动性约束的影响，这将导致当期收入对农村居民的参保行为产生影响。④农村居民参保存在短视行为，在年轻的时候可能不太重视未来的养老问题，导致当前消费较多，未来可用于消费的收入较少。据此，笔者对影响农村居民新农保参保行为的因素做出如下基本判断：

（1）从众效应会影响农村居民新农保参保行为，具体表现为"别人参加，我就参加；别人交多少，我就交多少"。

（2）城镇化率会影响农村居民的新农保参保行为。一是城镇化率的提高增加了农村居民外出就业的机会，这可能产生两种不同的影响：一方面，与参加新农保相比，他们可能更倾向于参加保障水平更高的城镇职工养老保险，从而降低参加新农保的可能性；另一方面，农村居民预期未来的收入会提高，如果农村居民将新农保视为主要的养老手段，必然会提高缴费档次。二是农村居民可获得的信息量增多，对新农保制度也会更加了解，这可能会对农村居民的参保行为产生积极影响。三是农村居民的养老观念可能受到城镇居民依靠社会养老保险养老的示范效应的影响，更倾向于参保和选择较高的缴费档次。

（3）收入会影响农村居民新农保参保行为，收入越高，农村居民越可能参保，也越可能选择高的缴费档次。

（4）年龄也会对农村居民新农保参保行为产生影响。一般而言，年龄越大，参保意愿越强烈，为了保证年老后的生活，也更倾向于选择高的缴费档次。

需要指出的是，如前文所述，城乡居民养老观念存在显著差异，农村居民的养老观念仍以养儿防老为主，而城镇居民早已习惯依赖社会养老保险进行养老。由此我们判断，即使城乡居民面对同一种养老保险制度时，他们的参保行为也可能有所不同。笔者在对农村居民新农保参保行为进行实证分析之后，也对城乡居民参保行为进行了比较分析。

4.4　小结

分析养老保险制度的基础理论是生命周期假说和世代交叠模型，据此可将养老模式分为三种：一是个人储蓄养老模式，理论基础为典型的生命周期假说；二是养儿防老模式，即家庭代际转移，理论基础为世代交叠模型；三是社会化养老保障模式，即社会代际转移，理论基础为世代交叠模型。笔者在对三种养老模式进行比较分析后，指出在人口老龄化日益加深和人均预期寿命不断延长的背景下，社会化养老保障模式更具优势，并对政府介入养老保险的相关理论进行简单介绍。进一步地，无论人们依赖哪种养老模式，目的都是追求一生效用的最大化，但是三种养老模式实现效用最大化的方式有所差异。个人储蓄依靠的是自我储蓄，养儿防老依靠的是家庭代际转移，而社会化养老依靠的是社会养老保险制度，三者最大的区别在于是否进行强制性储蓄。社会养老保险制度强调权利与义务相对应，只有履行了缴费义务，才可享受相应的养老权利。

然而，对我国农村居民来说，存在养儿防老观念短期难以改变、农村居民居住环境固定且文化水平有限、城镇化率逐年提高、农村居民收入水平较低且收入稳定性差四个现实问题，因此，生命周期假说赖以成立的三个条件在我国农村现实中难以全部满足，从而导致农村居民新农保参保行为往往表现为有限理性。在有限理性假设下，笔者对影响农村居民新农保参保行为的因素做出了如下四个基本判断：一是从众效应会影响农村居民新农保参保行为；二是农村居民新农保参保行为可能受到城镇化率的影响；三是收入会影响农村居民新农保参保行为；四是年龄会对农村居民参保行为产生影响。此外，城乡居民养老观念存在显著差异，农村居民的养老观念仍以养儿防老为主，而城镇居民早已习惯依赖社会养老保险进行养老。由此我们判断，即使城乡居民面对同一种养老保险制度时，他们的参保行为也可能有所不同。

第5章

Five

农村居民新农保参保行为的实证分析

5.1 数据来源

本章使用的数据主要来源于西南财经大学"中国家庭金融调查"。目前，CHFS 共有 2011 年、2013 年、2015 年、2017 年和 2019 年五轮追踪调查数据，数据具有全国代表性，涉及中国农村家庭比较完整的信息，涵盖了人口特征、资产负债、收入支出、社会保障等各个方面（甘犁等，2013）。

由于 2011 年新农保仍属于试点期，还未推广至全国，加之新农保和城居保在 2014 年合并为城乡居民基本养老保险，相应的缴费档次也做了调整，所以本章没有使用 2011 年和 2013 年的数据进行实证分析。2015 年第三轮调查覆盖全国 29 个省（自治区、直辖市)[①]，351 个区县，1396 个村（居）委会，样本规模达 37289 户共计 133183 个个体。2017 年的数据涉及 29 个省（自治区、直辖市），355 个区县，1428 个村（居）委会，40011 个家庭共计 127012 个个体。2019 年覆盖全国 29 个省（自治区、直辖市），170 个城市，345 个区县，1360 个村（居）委会，34643 个家庭共计 107008 个个体。CHFS 数据覆盖了不同经济发展水平、不同地域特色、不同群体结构，具有较强的代表性。由于本章的研究对象为新农保参保及缴费人员，因此只保留了年满 16 周岁（不含在校生）、未参加城职保的农村户籍居民这样的符合新农保参保条件的个体作为研究对象。考虑到北京市只设置了新农保缴费最低标准和最高标准，明显有别于全

---

① CHFS 2015 年、2017 年和 2019 年的数据不包含新疆、西藏及港澳台地区的数据。

国及其他省份新农保缴费档次的设置，因此，实证分析中没有选取北京市的观测值。经过数据清理，最终得到 2015 年、2017 年和 2019 年的样本观测值分别为 48968 个、51093 个和 45867 个，共涉及 28 个省（自治区、直辖市）。

对于数据的使用，笔者需要进行如下两点说明：

（1）CHFS 数据中关于收入、养老保险费用的缴纳，询问的都是调查年份上一年的情况，比如，"去年平均每个月养老保险自己缴纳多少钱？""去年从事农业生产获得的总收入"；等等。也就是说，2015 年、2017 年和 2019 年调查数据的实际发生年份分别为 2014 年、2016 年和 2018 年，为了保持时间上的一致性，本章使用的来源于《中国统计年鉴》的城镇化率数据、相关省份相应文件中有关新农保缴费档次的设定的数据也对应为 2014 年、2016 年和 2018 年。

（2）笔者在使用 2015 年、2017 年和 2019 年数据的过程中，没有建立三期平衡面板模型进行研究，主要有如下两点考虑：①新农保缴费档次在各年份之间有所变化，会导致缴费档次的划分出现不一致。例如，江苏省自 2015 年 1 月 1 日起，将原来的 100 元/年、200 元/年、300 元/年、400 元/年、500 元/年、600 元/年、700 元/年、800 元/年、900 元/年、1000 元/年、1100 元/年、1200 元/年 12 个档次调整为 100 元/年、300 元/年、400 元/年、500 元/年、600 元/年、700 元/年、800 元/年、900 元/年、1000 元/年、1500 元/年、2000 元/年、2500 元/年 12 个档次，第二档次在 2014 年和 2016 年出现了不一致；安徽省、江西省、河南省、海南省、甘肃省五个省份自 2018 年 1 月起提高了缴费门槛，第一档由原来的 100 元/年，提高到 200 元/年。②随着时间的推移，农村居民新农保参保个体的年龄在增长，其参保身份会发生转化。比如，参保者 A

在第一期 2014 年的年龄为 58 周岁，那么到第二期 2016 年时即年满 60 周岁，不用再缴纳养老保险费用，而是开始领取养老金，那么第二期和第三期便不会进入样本；假设参保者 B 在第一期 2014 年的年龄为 14 岁，不符合参保条件，在第二期 2016 年就达到了新农保参保的年龄门槛，同理也会出现在第三期。也就是说，三期面板数据的研究会损失样本，因此，笔者选择截面数据进行实证分析。

5.2　变量选取

5.2.1　被解释变量

（1）农村居民是否参保（0-1）。在 CHFS 问卷《第三部分：保险与保障》中，针对家中 16 周岁及以上所有家庭成员（在校学生除外），设置了如下问项："目前，您参加的是下列哪种社会养老保险？"如果受访者给出的答案是新农保或者城乡居民社会养老保险，取值为 1，否则取值为 0。

（2）参保者选择的缴费档次。本章中参保者缴费档次（取值为 1、2、3、4、5 的有序变量）的设定是根据参保者的养老保险年缴纳额和参保者所在省份的档次标准进行比较得出的：

首先，2019 年 CHFS 问卷有如下问项："去年养老保险自己缴纳多少钱？"据此可得到参保者去年的养老保险缴费额。2017 年和 2015 年的问卷询问的是"去年平均每个月养老保险自己缴纳多少钱？"笔者将此问项对应的数据乘以 12 即可得到 2017 年和 2015 年参保者去年的养老保险缴费额。

其次，新农保制度实施至今，新农保缴费档次的标准进行过调整，各省的总档次数和缴费标准也存在差异。例如，国发〔2009〕32 号文件规定了 100 元/年、200 元/年、300 元/年、400 元/年和 500 元/年 5 个缴费档次；国发〔2014〕8 号文件将新农保和城居保合并实施，并在以往设置的 5 个缴费档次的基础上，增加了 600 元/年、700 元/年、800 元/年、900 元/年、1000 元/年、1500 元/年和 2000 元/年，调整后共计 12 个档次，且允许地方政府根据实际情况增设缴费档次。在制度实施过程中，各省的档次设置与全国规定的 12 个档次略有差异。比如，2016 年北京市规定最低缴费标准为 1000 元/年，最高为 7420 元/年，参保者可从 1000 元/年~7420 元/年之间选择任意标准进行缴费；上海市的缴费档次为 500 元/年、700 元/年、900 元/年、1100 元/年、1300 元/年、1500 元/年、1700 元/年、1900 元/年、2100 元/年、2300 元/年、2800 元/年、3300 元/年共计 12 个档次；天津市有 600 元/年、900 元/年、1200 元/年、1500 元/年、1800 元/年、2100 元/年、2400 元/年、2700 元/年、3000 元/年、3300 元/年共计 10 个档次；山西省、浙江省、辽宁省就与全国设定的档次标准和总档次数一致。考虑到制度实施之初即设立了 5 个档次，后续各省总档次虽有不同程度的增加，但选择高缴费档次的人数较少，因此，笔者将各省五档及以上归并为第五档，这样一来，参保者可以选择五种不同的缴费档次。

最后，由于受访者回答的数据并非都是 100 元/年、200 元/年、300 元/年这样的整数，参考程杰（2014）、阳义南和唐鸿鸣（2018）的做法，笔者设定参保者五个缴费档次的规则如下：养老保险年缴费额小于所在省份第二档的设置为第一档，年缴费额大于等于第二档且小于第三档的设置为第二档，年缴费额大于等于第三档且小于第四档的设置为第三档，年缴费额大于等于第四档且小于第五档的设置为第四档，年缴费额大于等于第五档的设置为第五档，即被解释变量参保者选择的缴费档次是取值为1、2、3、4、5的有序变量。

5.2.2 解释变量

（1）从众效应。如前文所述，由于信息不完全，农村居民参保行为可能受从众效应的影响，对从众进行研究需要明确从众从的是什么？Sherif（1961）认为，从众从的是参照对象，参照对象可能是普遍的、通常的或预期的个人周边环境中他人做事的方式。这里涉及研究从众效应时遇到的两个问题：一个是"周边环境如何"，即选择什么群体作为参照组；另一个是"他人做事的方式"，即参照组的一致行动。对于参照组的选择，一般考虑人口统计特征（如性别、年龄、受教育程度等）相似的群体，或者地域邻近（如同一省/市、同一县/区、同一村居）的群体（杭斌和曹建美，2017）。对于参照组的一致行动，一般用参照组的平均值或者众数表示。考虑到平均值易受极端值的影响，而众数代表了群体中大多数人的选择，因此，在有极端值出现的情形中，众数要优于平均数。此外，由于个体隶属于参照组，会对参照组产生影响，而参照组也会对个体产生影响，这就导致研究参照组对个体的影响时会产生内生性问题，解决的办法之一是将参照组的值滞后一期（Manski，1993）。

考虑到农村居民长期生活在一个相对固定的生活环境中，相互之间交往密切频繁，可以大致做到信息互通。因此，笔者根据地域邻近原则，选择个体所在省/市为参照组。针对选择方程，笔者选取了上一期参照组平均参保率对从众效应进行了测度。为了免受极端值的影响，笔者选择了缴费额的众数而非平均数对结果方程中的从众效应进行了测度。为克服内生性问题，笔者选择了上一期而非当期参照组平均参保率、参照组缴费额的众数。其中：

上一期参照组平均参保率的计算过程如下：根据 CHFS 家庭问卷中设置了问项"目前，您参加的是下列哪种社会养老保险？"如果受访者给出的答案是新农保或者城乡居民社会养老保险，则取值为 1，否则取值为 0，据此生成是否参保的虚拟变量，然后计算参照组的平均参保率（参照组参保总人数/参照组符合参保条件的总人数）。

上一期参照组缴费额的众数的计算过程如下：根据 CHFS 问卷中的问项"去年平均每个月养老保险自己缴纳多少钱？"将此问项对应的数据乘以 12 即可得到参保者去年的养老保险缴费额，据此得到参照组缴费额的众数。

（2）城镇化率。本章使用年末城镇人口比重来测度城镇化率，数据来源于 2022 年《中国统计年鉴》。数据详见附表 2.1。

（3）收入变量。CHFS 中的家庭总收入包括工资性收入、农业经营收入、工商业经营收入、转移性收入和投资性收入，将其除以家庭规模可以得到家庭人均收入。家庭人均收入反映了农村居民的缴费能力，一般来说，收入越高，缴费能力越强，越有可能参加新农保且选择高的缴费档次。

本章中参保者缴费档次的选择是取值为 1、2、3、4、5 的有序变量，如果直接使用家庭人均收入这一连续变量作为解释变量，不能较好地反映出不同收入水平对有序因变量的影响，为此，笔者将各省（自治区、直辖市）的家庭人均收入水平观测值按由低到高进行排序，将其等分为三组，分别称之为低收入组、中等收入组和高收入组，据此考察收入变量对农村居民参保行为的影响。

（4）年龄变量。根据国发〔2009〕32号文件规定的养老金待遇领取条件，对于16~59岁处于缴费阶段的农村居民，存在如下两种情形：一是16~45岁可以缴满15年的，二是46~59岁缴不够15年（如果不考虑补缴的话）的。与收入变量一致，为了更好地考察不同年龄对缴费档次选择的影响，笔者将年龄变量分为三组：16~30岁、31~45岁、46~59岁。一般而言，年龄越大，参保意愿越强烈，越有可能参保，并且选择高的缴费档次，以提高个人账户积累额。

需要说明的是，原则上年满60周岁便不用再缴费，可以开始按月领取养老金，而样本中仍存在60岁及以上的缴费者，这可能是由于他们此前从未缴费或者部分年份断缴，他们只有将此前年份应缴金额一次性补齐，才能领取养老金，而这种一次性补齐缴费与按年缴费明显不同，因此实证研究中删掉了60岁及以上的观测值。

（5）是否提高了缴费门槛（0-1）。为了增加个人账户积累额，防止参保者的"投机行为"，人社部发〔2018〕21号文件中指出，应建立个人缴费档次标准调整机制。各地要根据城乡居民收入增长情况，合理确定和调整城乡居民基本养老保险缴费档次标准，供城乡居民选择。随后，各省开始陆续调整缴费档次，调整趋势是提高缴费门槛、增设更高缴费档次和减少总档次数。本章主要关注的是，缴费门槛的提高是否会对农村居民参保行为产生影响。安徽省、江西省、河南省、海南省和甘肃省五个省份自2018年1月起提高了缴费门槛，第一档由原来的100元/年提高到200元/年。对于如上五个省份取值为1，代表提高了缴费门槛，其余省份取值为0，代表缴费门槛未发生变化。

（6）是否属于缴费困难群体（0-1）。国发〔2009〕32 号文件中明确指出，地方政府应为农村重度残疾人等缴费困难群体代缴部分或全部最低标准的养老保险费。并且，该文件强调相关部门要做好新农保制度与农村五保供养、社会优抚、农村最低生活保障制度等政策制度的配套衔接工作。事实上，各地在制度实施过程中，都将低保、五保等困难群体纳入了代缴群体。考虑到农村重度残疾人、低保户、五保户等生活困难群体会被自动纳入新农保，养老保险费也是由地方政府代缴，他们的参保行为可能有别于其他群体，因此，笔者控制了是否属于缴费困难群体这一虚拟变量。

根据 CHFS 问卷中："您家是否为贫困户"[①] 这一问项，可以生成家庭是否为贫困户的虚拟变量，其中，取值为 1 代表贫困，取值为 0 代表不贫困；根据"去年，您家从政府那里获得以下哪些补贴/补助？"这一问项，如果受访者给出的答案为特困户补助金、五保户补助金或者低保补助，就可以分别生成家庭是否为特困户、五保户、低保户的虚拟变量。由于 CHFS 数据中没有询问受访者是否为残疾，故本章最终生成的缴费困难群体指的是受访者所在家庭为贫困户、低保户、五保户或特困户。取值为 1 代表是缴费困难群体，取值为 0 代表不是。

（7）地区虚拟变量。考虑到经济发达地区的收入水平普遍较高，就业机会也较多，对新农保的财政补贴也会较高，为此，笔者将 28 个省份划分为东部、中部和西部，以反映地区差异对农村居民新农保参保行为的影响。对东部、中部、西部的具体划分标准参考了人力资源社会保障部官网上东部、中部、西部贯彻落实会议精神和国发〔2009〕32 号文件的情况，具体如下：东部地区包括天津市、上海市、辽宁省、江苏省、

---

① 2020 年，中国实现全面脱贫，本章数据期间在此之前。

浙江省、福建省、山东省、广东省共计 8 个省份；中部地区包括河北省、山西省、吉林省、黑龙江省、安徽省、江西省、河南省、湖北省、湖南省、海南省共计 10 个省份；西部地区包括广西壮族自治区、重庆市、四川省、贵州省、云南省、陕西省、甘肃省、内蒙古自治区、青海省和宁夏回族自治区共计 10 个省份。

由于 CHFS 数据为保护受访者隐私，隐去了其所在区县的具体名称，因此，笔者只能获知受访者所在省/市，无法得知具体归属于哪个区县，从而无法将受访者所在区县实施的财政补贴标准与之进行匹配。如前所述，财政补贴分为"入口补贴"和"出口补贴"，虽然各省财政补贴标准可以通过各地人社网查到，但是同一省份的不同地区之间的财政补贴标准也存在差异。以"出口补贴"为例，2018 年浙江省基础养老金发放标准为每人每月 155 元①，而根据杭人社发〔2018〕180 号文件，同期杭州市的发放标准为最低每人每月 220 元；2018 年河南省基础养老金发放标准为每人每月 98 元②，而同期郑州市的发放标准为每人每月 190 元③；2018 年陕西省基础养老金水平为每人每月 103 元④，而西安市的发放标准为每人每月 136 元⑤。显然，用省级的统一标准代表各区县的财政补贴标准是不合理的，会存在较大的测量误差。此外，尽管同一省份的不同地

① 杭州本地宝.浙江城乡居民基本养老保险基础养老金最低标准一览［EB/OL］.（2021-03-11）.http：//hz.bendibao.com/live/2021311/100641.shtm.

② 河南省人社厅.河南提高城乡居民基本养老保险基础养老金最低标准［EB/OL］.（2018-08-02）.http：//www.mohrss.gov.cn/SYrlzyhshbzb/dongtaixinwen/dfdt/gzdt/201808/t20180802_298365.html.

③ 郑州市人民政府.2018 年郑州市社会保障财政补助标准继续提高［EB/OL］.（2018-09-18）.http：//www.zhengzhou.gov.cn/news4/82903.jhtml.

④ 兵马俑在线.陕西省提高城乡居民基础养老金［EB/OL］.（2018-11-14）.http：//news.wmxa.cn/n/201811/588541.html.

⑤ 公积金知识网.2018 陕西西安养老金上调最新消息：养老金计算方法［EB/OL］.（2019-10-06）.http：//www.cdwz8.com/wxyj/ynbx/ynbx9514.html.

市之间的财政补贴标准存在差异，但是这一差异主要源于财政补贴标准的制定与调整都充分考虑了当地的财政状况、居民的收入水平等因素，因此财政补贴标准相对合理，相对差异较小。例如，2018 年浙江省与杭州市的农村居民人均可支配收入分别为 27302 元和 33193 元，则浙江省基础养老金年发放标准占省级农村居民人均可支配收入的比重约为 6.81%（155×12÷27302），杭州市基础养老金年发放标准占杭州市农村居民人均可支配收入的比重约为 7.96%（220×12÷33193）。

5.2.3　其他控制变量

在借鉴以往文献与整理 CHFS 相关数据的基础上，本章还控制了农村居民的性别、受教育年限、健康状况、是否有医疗保险等相关变量。其中，健康状况是根据 CHFS 问项"与同龄人相比，您现在的身体状况如何？"进行整理，将回答非常好或好的受访者的健康状况取值为 1，其余取值为 0。是否有医疗保险是根据 CHFS 问项"您目前拥有以下哪种社会医疗保险？"整理所得，拥有医疗保险的取值为 1，否则取值为 0。

本章使用的各变量的描述性统计如表 5.1 所示。从表 5.1 可以看出，在 2019 年的 45867 位符合参保条件的农村居民中，有 66.75% 的人参加了新农保，这一指标在 2017 年和 2015 年分别为 64.97%、59.65%，说明新农保参保率有所提高。在参加新农保的农村居民中，2015 年、2017 年和 2019 年分别有 77.04%、70.88%、71.47% 的参保者选择了第一档缴费档次，说明在新农保实施过程中，缴费农民集中选择最低缴费档次的现状普遍存在。参保者平均缴费额为 200~300 元/年，说明大多数参保者缴费额偏低。以 2019 年为例，上一期参照组缴费额的众数大约为 116 元/年（$e^{4.7524}$），说明上一期的参保居民都集中选择了最低缴费档次。

表 5.1 变量的描述性统计

变量		样本容量	均值/频数	标准差/百分比	最小值	最大值
是否参保（2015）	0（代表否）	48968	19758	40.3500	0	1
	1（代表是）		29210	59.6500		
是否参保（2017）	0（代表否）	51093	17897	35.0300	0	1
	1（代表是）		33196	64.9700		
是否参保（2019）	0（代表否）	45867	15249	33.2500	0	1
	1（代表是）		30618	66.7500		
平均缴费额（2015）		18230	290.0897	441.5393	90	4860
平均缴费额（2017）		17972	300.9057	480.8801	96	4992
平均缴费额（2019）		17617	244.4698	355.6761	59	5000
平均缴费档次（2015）		18230	1.7097	1.4430	1	5
平均缴费档次（2017）		17972	1.7517	1.3948	1	5
平均缴费档次（2019）		17617	1.5743	1.1324	1	5
所选缴费档次（2015）	1	18230	14045	77.0400	0	5
	2		1076	5.9000		
	3		169	0.9300		
	4		236	1.2900		
	5		2704	14.8300		
所选缴费档次（2017）	1	17972	12738	70.8800	0	5
	2		2044	11.3700		
	3		545	3.0300		
	4		204	1.1400		
	5		2441	13.5800		

续表

变量		样本容量	均值/频数	标准差/百分比	最小值	最大值
所选缴费档次（2019）	1	17617	12591	71.4700	0	5
	2		2735	15.5200		
	3		738	4.1900		
	4		305	1.7300		
	5		1248	7.0800		
上一期参照组平均参保率（2013）		48968	0.6604	0.1189	0.3756	0.8316
上一期参照组平均参保率（2015）		51093	0.6077	0.1278	0.3381	0.8179
上一期参照组平均参保率（2017）		45867	0.6497	0.1072	0.4278	0.8363
上一期参照组缴费额的众数（对数）（2013）		48968	4.6475	0.2076	4.6052	5.7038
上一期参照组缴费额的众数（对数）（2015）		51093	4.7707	0.4783	4.5643	7.0901
上一期参照组缴费额的众数（对数）（2017）		45867	4.7524	0.4139	4.5643	7.0901
城镇化率（2015）		48968	0.5475	0.0854	0.4001	0.8960
城镇化率（2017）		51093	0.5727	0.0805	0.4415	0.8790
城镇化率（2019）		45867	0.5976	0.0755	0.4744	0.8913
受教育年限（2015）		48647	7.1396	3.9095	0	22
受教育年限（2017）		50960	7.1378	3.9702	0	22
受教育年限（2019）		45715	7.0892	3.8542	0	22
年龄（2015）		36413	39.4437	11.9498	16	59
年龄（2017）		35482	40.3087	11.9656	16	59
年龄（2019）		30075	41.9707	11.4639	16	59

续表

变量		样本容量	均值/频数	标准差/百分比	最小值	最大值
家庭人均收入（对数）（2015）		47745	8.8223	1.1771	4.9545	12.0001
家庭人均收入（对数）（2017）		49746	8.9727	1.1595	5.1220	12.1653
家庭人均收入（对数）（2019）		44196	9.0952	1.1259	5.5452	12.1279
健康状况（2015）	0（代表不好）	48928	26876	54.9300	0	1
	1（代表好）		22052	45.0700		
健康状况（2017）	0（代表不好）	51077	28142	55.1000	0	1
	1（代表好）		22935	44.9000		
健康状况（2019）	0（代表不好）	45854	28463	62.0700	0	1
	1（代表好）		17391	37.9300		
性别（2015）	0（代表女性）	48959	24421	49.8800	0	1
	1（代表男性）		24538	50.1200		
性别（2017）	0（代表女性）	51093	25743	50.3800	0	1
	1（代表男性）		25350	49.6200		
性别（2019）	0（代表女性）	45867	22986	50.1100	0	1
	1（代表男性）		22881	49.8900		
是否有医疗保险（2015）	0（代表没有）	49603	4535	9.3300	0	1
	1（代表有）		44068	90.6700		
是否有医疗保险（2017）	0（代表没有）	50821	3724	7.3300	0	1
	1（代表有）		47097	92.6700		
是否有医疗保险（2019）	0（代表没有）	45829	3658	7.9800	0	1
	1（代表有）		42171	92.0200		

续表

变量		样本容量	均值/频数	标准差/百分比	最小值	最大值
是否属于缴费困难群体（2015）	0（代表否）	48902	41427	84.7100	0	1
	1（代表是）		7475	15.2900		
是否属于缴费困难群体（2017）	0（代表否）	51093	41936	82.0800	0	1
	1（代表是）		9157	17.9200		
是否属于缴费困难群体（2019）	0（代表否）	45867	40956	89.2900	0	1
	1（代表是）		4911	10.7100		
是否提高了缴费门槛（2019）	0（代表否）	45867	36622	79.8400	0	1
	1（代表是）		9245	20.1600		

注：①分类变量（是否参保、所选缴费档次、健康状况、性别、是否有医疗保险、是否属于缴费困难群体、是否提高了缴费门槛）报告频数、百分比，其余连续变量全部报告均值、标准差；②参照组指的是各省/市，下同。

5.3　实证方法的介绍

5.3.1　二元选择模型

在实证研究中，二元选择的问题较为常见，比如，是否考研、是否买房、是否参保，这种只有两种可能取值的因变量，可被称为二元因变量，其对应的模型被称为二元选择模型。一般地，二元选择模型形式如下：

$$y^* = x\beta + \varepsilon \tag{5.1}$$

选择规则为:

$$y=\begin{cases}1, & y^*>0 \\ 0, & y^*\leqslant 0\end{cases} \tag{5.2}$$

其中,y^* 为不可观测的潜变量,则 y 取值为 1 的概率为:

$$P(y=1 \mid x)=P(y^*>0 \mid x)=P(x\beta+\varepsilon>0 \mid x)=P(x\beta>\varepsilon \mid x)=F(x, \beta) \tag{5.3}$$

$$P(y=0 \mid x)=1-P(y=1 \mid x)=1-F(x, \beta) \tag{5.4}$$

$F(x, \beta)$ 也称为连接函数。

如果式(5.4)中的 $F(x, \beta)$ 是标准正态的累积分布函数,则:

$$P(y=1 \mid x)=F(x, \beta)=\Phi(x\beta)=\int_{-\infty}^{x\beta}\phi(t)\,dt \tag{5.5}$$

该模型被称为 Probit 模型,对式(5.5)右边关于 x_j 求偏导可得边际效应为:

$$\frac{\partial P(y=1 \mid x)}{\partial x_j}=\frac{\partial P(y=1 \mid x)}{\partial(x\beta)}\times\frac{\partial(x\beta)}{\partial x_j}=\phi(x\beta)\times\beta_j \tag{5.6}$$

显然,边际效应并非常数,会随着解释变量而变化。常用的边际效应包括:平均边际效应、样本均值处的边际效应、在某代表值处的边际效应。

如果式(5.4)中的 $F(x, \beta)$ 是逻辑分布的累积分布函数,则:

$$P(y=1 \mid x)=F(x, \beta)=\Lambda(x\beta)=\frac{\exp(x\beta)}{1+\exp(x\beta)} \tag{5.7}$$

该模型称为 Logit 模型。令 $p=P(y=1 \mid x)$,则 $1-p=P(y=0 \mid x)$。

由式(5.7)得:$p=\dfrac{\exp(x\beta)}{1+\exp(x\beta)}$,则 $1-p=\dfrac{1}{1+\exp(x\beta)}$,因此,

$$\frac{p}{1-p}=\exp(x\beta) \tag{5.8}$$

将式（5.8）两边同时取对数得：

$$\ln\left(\frac{p}{1-p}\right) = x\beta \tag{5.9}$$

其中，$\frac{p}{1-p}$ 被称为几率比。

显然，二元选择模型是非线性模型，可使用最大似然估计（Maximum Likelihood Estimate，MLE）法进行估计，记估计量为 $\hat{\beta}_{MLE}$。对于 $\hat{\beta}_{MLE}$ 的解释，Logit 模型和 Probit 模型存在明显不同，对 Logit 模型而言，$\hat{\beta}_{MLE}$ 具有直观的经济意义。对式（5.9）右边关于 x_j 求导可知，$\hat{\beta}_{MLE}$ 的经济含义为 x_j 变化一个单位引起的几率比的百分比的变化。例如，如果估计得到 $\hat{\beta}_j = 0.1$，则认为 x_j 每增加一个单位会使几率比增加 10%。对于 Probit 模型而言，我们无法对 $\hat{\beta}_{MLE}$ 做出直观的解释，通常选择利用边际效应分析对回归结果进行说明。Logit 模型和 Probit 模型的边际效应分析结果差别不大，但是，Logit 模型的回归系数具有直观的经济含义，因此应用较为广泛（陈强，2014）。Probit 模型虽不便于解释，但可以在出现样本选择性偏倚时，扩展为样本选择模型，这是 Probit 模型的一个独特优势。

5.3.2　有序选择模型

除了如上的二元选择问题，我们还会遇到多值选择（如出行是选择步行、骑车还是坐车）和有序选择（如缴费档次是选择第一档、第二档、第三档还是第四档）问题。对于多值选择问题，我们可以使用多分类 Logit（Multinomial Logit）模型或者多分类 Probit（Multinomial Probit）模型进行研究，但是有序选择意味着数据本身包含了排序信息，能够反映出不同选择的优劣和顺序,如果此时使用多分类 Logit 或者多分类 Probit,将无视数据内在的排序信息;如果使用普通线性回归,则是将离散变量视作连续变量,因此,针对有序选择问题须采用对应的模型,即有序 Logit 模型(Ordered Logit Model,OLM)或者有序 Probit 模型(Ordered Probit Model,OPM)。

一般地,有序选择模型可表示如下:

$$y^* = x\beta + \varepsilon \tag{5.10}$$

其选择规则为:

$$y = \begin{cases} 0, & y^* \leq \alpha_0 \\ 1, & \alpha_0 < y^* \leq \alpha_1 \\ 2, & \alpha_1 < y^* \leq \alpha_2 \\ \cdots \\ J, & y^* > \alpha_{J-1} \end{cases} \tag{5.11}$$

其中,y^* 为不可观测的潜变量,$\alpha_0 < \alpha_1 < \cdots < \alpha_{J-1}$ 为待估参数,称之为切点,α_0 趋于无穷小,α_{J-1} 趋于无穷大。与 5.3.1 节类似,如果假设扰动项服从正态分布,则为有序 Probit 模型,如果假设扰动项服从 Logistic 分布,得到的就是有序 Logit 模型,对模型估计结果的解释也常常借助边际效应进行分析。

5.3.3 Heckoprobit 模型

在上述分析中,我们均假定因变量为完全观测数据。但在实际研究中,也会遇到因变量取值受限的情况。比如,研究女性工资问题时,我们观察到的只是就业女性的工资,未就业女性的工资是缺失的。这种因变量 y 的取值受限与另一变量 z 有关的问题,即为样本选择问题,称 z 为选择变量。类似地，对于农村居民缴费档次选择的研究，我们只能观测到参保者的缴费档次，而无法观测未参保农村居民的缴费档次，如果直接使用有序选择模型，可能会损失很多观测值，产生样本选择偏差。Heckman（1976）提出的样本选择模型可以解决样本选择偏差问题，Heckman 样本选择模型由选择方程和结果方程两部分构成，选择方程的因变量为 0-1 变量，结果方程的因变量必须为连续变量。随着样本选择模型的扩展，对结果方程中因变量的要求已不再局限于连续变量（王存同，2017），如果结果方程中的因变量为二元选择变量或者有序选择变量，就可以分别建立 Heckprobit（Wynand et al.，1981；Christopher，2006）和 Heckoprobit 模型处理样本选择问题。

Heckoprobit 模型（Luca and Perotti，2011）具有如下形式：

$$y_i^* = X_1\beta_1 + \varepsilon_i \tag{5.12}$$

选择规则为：
$$y_i = \begin{cases} 1, & r_0 < y^* \leq r_1 \\ 2, & r_1 < y^* \leq r_2 \\ 3, & r_2 < y^* \leq r_3 \\ \cdots \\ J, & r_{J-1} < y^* \leq r_J \end{cases} \tag{5.13}$$

$$z_i^* = X_2\beta_2 + \mu_i \tag{5.14}$$

$$z_i = \begin{cases} 1, & z_i^* > 0 \\ 0, & z_i^* \leq 0 \end{cases} \tag{5.15}$$

只有当 $z_i = 1$ 时，y_i 才能被观测到，即：

$$y_i = \begin{cases} \text{可观测}, & z_i = 1 \\ \text{不可观测}, & z_i = 0 \end{cases} \tag{5.16}$$

其中, $i=1, 2, \cdots, n$, $\varepsilon_i \sim N(0, 1)$, $\mu_i \sim N(0, 1)$, $corr(\varepsilon, \mu) = \rho$, y_i^*、z_i^* 分别为 y_i、z_i 的潜变量, X_1、X_2 分别为影响 y_i^*、z_i^* 的解释变量, 且 X_2 中至少有一个变量不在 X_1 中。r_1、r_2、$\cdots$、r_{J-1} 为实际切点。r_0 趋于无穷小, r_J 趋于无穷大。其中, 式 (5.12)、式 (5.14) 分别被称为结果方程和选择方程。当 $\rho \neq 0$ 时, 直接对式 (5.12) 进行有序 Probit 回归, 估计结果是有偏的, 而 Heckoprobit 模型可以得到一致、渐进有效的估计, 此时应建立 Heckoprobit 模型进行研究。因此, 在利用 Stata 软件进行 Heckoprobit 估计时, 需要对 ρ 是否取值为 0 进行检验。如果估计时使用了稳健标准误的选项, 回归得到的是 Wald 检验统计量, 否则得到的是 LR 检验统计量。

5.4 农村居民是否参保的实证分析

5.4.1 模型设定

根据 5.2 节的变量选取和 5.3 节实证方法的介绍, 由于农村居民是否参保是一个二元选择因变量, 因此, 应建立二元选择模型进行研究。模型设定如下:

$$part_{ij}^* = \alpha_0 + \alpha_1 partratio_j + \alpha_2 \ln paymd_j + \alpha_3 tgmk_j + \alpha_4 urbanratio_j +$$

$$\alpha_5 age2_{ij} + \alpha_6 age3_{ij} + \alpha_7 inc2_{ij} + \alpha_8 inc3_{ij} + \delta Z_{ij} + \varepsilon_{ij} \tag{5.17}$$

选择规则为:

$$part_{ij} = \begin{cases} 1, & part_{ij}^* > 0 \\ 0, & part_{ij}^* \leq 0 \end{cases} \tag{5.18}$$

其中，i 代表第 i 个个体；j 代表个体所在的省份；$part_{ij}^*$ 代表不可观测的潜变量；$part_{ij}$ 代表我们可观测到的农村居民是否参保，取值为 1 代表参保，取值为 0 代表未参保；$partratio_j$、$paymd_j$ 分别代表个体所在省份上一年参保率、上一年缴费额的众数；$tgmk_j$ 代表个体所在省份是否提高了新农保缴费门槛，取值为 1 代表提高了缴费门槛，取值为 0 代表未提高缴费门槛；$urbanratio_j$ 代表个体所在省份的城镇化率。笔者将连续变量年龄分为 16~30 岁、31~45 岁和 46~59 岁三组，在实证分析时以 16~30 岁作为基准组，加入 $age2_{ij}$、$age3_{ij}$ 这两个年龄虚拟变量，分别表示个体年龄是否为 31~45 岁、是否为 46~59 岁，取值为 1 代表是，取值为 0 代表否。连续变量收入也分为低收入组、中等收入组和高收入组三组，以低收入组作为基准组，加入 $inc2_{ij}$、$inc3_{ij}$ 这两个收入虚拟变量，分别表示家庭人均收入是否处于中等收入组、是否处于高收入组，取值为 1 代表是，取值为 0 代表否。Z_{ij} 是一组控制变量，包括受教育年限、健康状况、性别、是否有医疗保险、是否属于缴费困难群体和地区虚拟变量。δ 为系数列向量，$\varepsilon_{ij} \sim N(0, 1)$。

5.4.2　估计结果及经济意义解释

本节首先使用 2019 年 CHFS 数据，建立二元选择模型对农村居民是否参保这一问题进行研究，对第 4 章提出的基本判断进行验证，并考察了缴费门槛的变化对农村居民是否参保这一决策的影响。其次使用 2017 年和 2015 年的相关数据也做了同样的研究，不同的是这两年缴费门槛并未发生变化，因此没有使用是否提高了缴费门槛这一虚拟变量作为解释变量。最后利用 Stata16 软件，对 Probit 模型和 Logit 模型分别进行估计。由于同一家庭中的个体的参保决策并非相互独立，因此估计的时候使用了家庭层面群稳健标准误，Probit 模型和 Logit 模型的估计结果及边际效应分析结果见表 5.2~表 5.4。

表 5.2 Probit 和 Logit 模型的估计结果及边际效应（2019 年）

解释变量	Probit 模型		Logit 模型	
	估计结果	边际效应	估计结果	边际效应
上一期参照组平均参保率	3.1534***	1.0031***	5.2554***	0.9973***
	(0.0000)	(0.0000)	(0.0000)	(0.0000)
上一期参照组缴费额的众数（对数）	0.1771***	0.0563***	0.2960***	0.0562***
	(0.0000)	(0.0000)	(0.0000)	(0.0000)
城镇化率	-1.0303***	-0.3277***	-1.7082***	-0.3242***
	(0.0001)	(0.0001)	(0.0001)	(0.0001)
受教育年限	-0.0129***	-0.0041***	-0.0223***	-0.0042***
	(0.0000)	(0.0000)	(0.0000)	(0.0000)
健康状况	-0.0341	-0.0109	-0.0546	-0.0104
	(0.1072)	(0.1071)	(0.1243)	(0.1243)
性别	-0.0062	-0.0020	-0.0098	-0.0019
	(0.5883)	(0.5883)	(0.6086)	(0.6086)
是否有医疗保险	0.9910***	0.3153***	1.6676***	0.3164***
	(0.0000)	(0.0000)	(0.0000)	(0.0000)
是否属于缴费困难群体	0.0032	0.0010	0.0112	0.0021
	(0.9323)	(0.9323)	(0.8593)	(0.8593)

续表

解释变量	Probit 模型		Logit 模型	
	估计结果	边际效应	估计结果	边际效应
是否提高了缴费门槛	0.0417	0.0133	0.0758	0.0144
	(0.2046)	(0.2044)	(0.1736)	(0.1734)
31~45 岁	0.5953***	0.2098***	0.9808***	0.2099***
	(0.0000)	(0.0000)	(0.0000)	(0.0000)
46~59 岁	0.9689***	0.3297***	1.6074***	0.3296***
	(0.0000)	(0.0000)	(0.0000)	(0.0000)
中等收入组	0.0105	0.0033	0.0133	0.0025
	(0.7134)	(0.7134)	(0.7806)	(0.7806)
高收入组	0.0366	0.0116	0.0570	0.0108
	(0.1934)	(0.1936)	(0.2271)	(0.2274)
中部	0.0286	0.0092	0.0516	0.0099
	(0.4713)	(0.4726)	(0.4399)	(0.4414)
西部	0.0519	0.0166	0.0800	0.0152
	(0.2442)	(0.2459)	(0.2826)	(0.2844)
常数项	-3.4926***	—	-5.8377***	—
	(0.0000)	—	(0.0000)	—
样本容量	28782		28782	
方程总体显著性检验	Waldχ^2 (15) = 3402.50 P = 0.0000		Waldχ^2 (15) = 3072.02 P = 0.0000	
准 R^2	0.1592		0.1591	

注：①（ ）中为稳健 P 值，***、**、*分别表示解释变量在 1%、5%、10%的显著性水平下显著，下同；②表中提到的边际效应指的是平均边际效应，下同。

　　从表 5.2 可以看出，无论是 Probit 模型还是 Logit 模型，方程总体显著性检验的 P 值为 0.0000，表明模型中的所有解释变量是联合显著的，而且两个模型的估计结果相似。研究表明：

（1）上一期参照组平均参保率对农村居民是否参保具有显著的正向影响，上一期参照组平均参保率每提高 1%，农村居民参保的概率将会增加大约 0.01，说明农村居民是否参保会受到从众效应的影响，即"别人参加，我就参加"。这一结论在使用 2017 年和 2015 年的数据进行研究时，仍然成立（见表 5.3 和表 5.4）。也就是说，从众效应会影响农村居民是否参保这一决策。

（2）城镇化率对农村居民是否参保的影响显著为负，意味着城镇化率越高的地区，农村居民越倾向于不参保。在使用 2017 年和 2015 年的相关数据进行研究时，该变量并不显著（见表 5.3 和表 5.4）。

（3）是否提高了缴费门槛对农村居民是否参保的影响不显著，说明政策的这一变化不会影响农村居民是否参保的决策。这可能是因为，农村居民一旦参保，在经济条件允许的前提下，不大可能会断保，以便到龄后可以顺利领取养老金。

（4）收入分组变量对农村居民是否参保的影响不显著，在 2017 年和 2015 年的回归结果中，与低收入组相比，中等收入组农村居民和高收入组农村居民参加新农保的概率更大（见表 5.3 和表 5.4）。

（5）年龄分组变量对农村居民是否参保的影响显著为正，与 16~30 岁的农村居民相比，31~45 岁和 46~59 岁的居民更倾向于参保，且 46~59 岁的参保概率更高。这是因为年龄越大，养老需求越强烈，因此越倾向于参保。这一结论在使用 2017 年和 2015 年的相关数据进行研究时，仍然成立（见表 5.3 和表 5.4）。

（6）受教育年限对农村居民是否参保具有显著的负向影响，这可能是因为，农村居民受教育年限越长，越有可能选择外出务工，可能更倾向于选择养老待遇水平更高的城镇职工基本养老保险而非新农保。与没有医疗保险的农村居民相比，拥有医疗保险的农村居民更倾向于选择参加新农保。

表 5.3 Probit 模型和 Logit 模型的回归结果（2017 年）

解释变量	Probit 模型		Logit 模型	
	估计结果	边际效应	估计结果	边际效应
上一期参照组平均参保率	2.8854***	0.9361***	4.8139***	0.9353***
	（0.0000）	（0.0000）	（0.0000）	（0.0000）
上一期参照组缴费额的众数（对数）	0.1170***	0.0379***	0.1909***	0.0371***
	（0.0000）	（0.0000）	（0.0000）	（0.0000）
城镇化率	−0.3646	−0.1183	−0.6228	−0.1210
	（0.1274）	（0.1273）	（0.1186）	（0.1184）
受教育年限	−0.0106***	−0.0034***	−0.0180***	−0.0035***
	（0.0001）	（0.0001）	（0.0001）	（0.0001）
健康状况	−0.0453**	−0.0147**	−0.0736**	−0.0143**
	（0.0175）	（0.0175）	（0.0208）	（0.0207）
性别	−0.0242**	−0.0078**	−0.0409**	−0.0080**
	（0.0218）	（0.0218）	（0.0201）	（0.0201）
是否有医疗保险	1.0117***	0.3282***	1.7120***	0.3326***
	（0.0000）	（0.0000）	（0.0000）	（0.0000）
是否属于缴费困难群体	0.0642**	0.0208**	0.1094**	0.0213**
	（0.0264）	（0.0263）	（0.0241）	（0.0240）
31~45 岁	0.6013***	0.2121***	0.9914***	0.2125***
	（0.0000）	（0.0000）	（0.0000）	（0.0000）
46~59 岁	1.0824***	0.3728***	1.7947***	0.3734***
	（0.0000）	（0.0000）	（0.0000）	（0.0000）

续表

解释变量	Probit 模型		Logit 模型	
	估计结果	边际效应	估计结果	边际效应
中等收入组	0.0482*	0.0157*	0.0770*	0.0150*
	(0.0680)	(0.0680)	(0.0799)	(0.0799)
高收入组	0.0729***	0.0237***	0.1186***	0.0231***
	(0.0062)	(0.0062)	(0.0076)	(0.0076)
中部	−0.0320	−0.0104	−0.0104	−0.0110
	(0.3896)	(0.3884)	(0.3612)	(0.3598)
西部	−0.0042	−0.0014	−0.0089	−0.0017
	(0.9228)	(0.9228)	(0.9019)	(0.9019)
常数项	−3.4246***	—	−5.7005***	—
	(0.0000)	—	(0.0000)	—
样本容量	34170		34170	
方程总体显著性检验	WaldX^2 (14) = 4287.03		WaldX^2 (14) = 3815.12	
	P = 0.0000		P = 0.0000	
准 R^2	0.1663		0.1664	

表 5.4 Probit 模型和 Logit 模型的回归结果（2015 年）

解释变量	Probit 模型		Logit 模型	
	估计结果	边际效应	估计结果	边际效应
上一期参照组平均参保率	2.9321***	0.9758***	4.8571***	0.9728***
	(0.0000)	(0.0000)	(0.0000)	(0.0000)
上一期参照组缴费额的众数（对数）	0.0013	0.0004	0.0048	0.0010
	(0.9805)	(0.9805)	(0.9553)	(0.9553)
城镇化率	−0.0629	−0.0209	−0.1210	−0.0242
	(0.7907)	(0.7907)	(0.7571)	(0.7571)

续表

解释变量	Probit 模型		Logit 模型	
	估计结果	边际效应	估计结果	边际效应
受教育年限	-0.0079***	-0.0026***	-0.0134***	-0.0027***
	(0.0044)	(0.0044)	(0.0039)	(0.0038)
健康状况	-0.0329*	-0.0110*	-0.0530*	-0.0106*
	(0.0780)	(0.0780)	(0.0875)	(0.0874)
性别	-0.0045	-0.0015	-0.0077	-0.0015
	(0.6626)	(0.6626)	(0.6512)	(0.6512)
是否有医疗保险	0.9313***	0.3099***	1.5722***	0.3149***
	(0.0000)	(0.0000)	(0.0000)	(0.0000)
是否属于缴费困难群体	-0.0081	-0.0027	-0.0085	-0.0017
	(0.7987)	(0.7987)	(0.8729)	(0.8729)
31~45 岁	0.4992***	0.1768***	0.8219***	0.1770***
	(0.0000)	(0.0000)	(0.0000)	(0.0000)
46~59 岁	0.9055***	0.3137***	1.4969***	0.3138***
	(0.0000)	(0.0000)	(0.0000)	(0.0000)
中等收入组	0.0717***	0.0239***	0.1191***	0.0239***
	(0.0072)	(0.0072)	(0.0070)	(0.0070)
高收入组	0.1065***	0.0355***	0.1748***	0.0351***
	(0.0001)	(0.0001)	(0.0001)	(0.0001)
中部	0.1585***	0.0533***	0.2622***	0.0532***
	(0.0000)	(0.0000)	(0.0000)	(0.0000)
西部	0.1530***	0.0515***	0.2483***	0.0504***
	(0.0008)	(0.0009)	(0.0010)	(0.0011)

解释变量	Probit 模型		Logit 模型	
	估计结果	边际效应	估计结果	边际效应
常数项	−3.1975***	—	−5.3269***	—
	(0.0000)	—	(0.0000)	—
样本容量	34821		34821	
方程总体显著性检验	Waldχ² (14) = 3431.78		Waldχ² (14) = 3109.66	
	P = 0.0000		P = 0.0000	
准 R²	0.1486		0.1487	

综上可知，农村居民是否参保这一决策会受到从众效应的影响；城镇化率的影响在 2019 年是显著的，在 2017 年和 2015 年的回归结果中不显著；是否提高了缴费门槛对农村居民是否参保的影响不显著。接下来，笔者将考察农村居民缴费档次的选择是否会受到从众效应、城镇化率和提高缴费门槛这一政策变化的影响。

5.5 农村居民缴费档次选择的实证分析

5.5.1 模型设定

目前，对于农村居民缴费档次选择的研究，国内大部分文献都直接采用了有序选择模型，这可能会产生样本选择偏倚。因为农村居民的参保行为存在两个不可分割的决策过程：是否参保、如果参保应选择何种缴费档次。对于农村居民选择的缴费档次，我们观测到的仅仅是在样本期内参加新农保的个体选择的缴费档次，没有参保的个体的缴费档次无法被观测到，因此，农村居民缴费档次的选择是典型的样本选择数据。本节建立 Heckoprobit 模型，对农村居民缴费档次的选择进行研究，以解决可能存在的样本选择偏倚。

农村居民缴费档次数据取值受限与农村居民是否参保这一变量有关，农村居民是否参保即为这一样本选择问题中的选择变量。Heckoprobit 模型由选择方程和结果方程组成，选择方程中的因变量为农村居民是否参保，结果方程中的因变量为农村居民所选择的缴费档次。对于选择方程中的上一期参照组平均参保率这一变量，它只影响农村居民是否参保，不影响农村居民缴费档次的选择，也称之为排他性变量。对农村居民缴费档次选择的研究，模型设定如下：

$$scale_{ij}^{*} = \beta_0 + \beta_1 \ln paymd_j + \beta_2 tgmk_j + \beta_3 urbanration_j +$$
$$\beta_4 age2_{ij} + \beta_5 age3_{ij} + \beta_6 inc2_{ij} + \beta_7 inc3_{ij} + \phi Z_{ij} + \mu_{ij} \tag{5.19}$$

选择规则为：

$$scale_{ij} = \begin{cases} 1, & r_0 < scale_{ij}^{*} \leqslant r_1 \\ 2, & r_1 < scale_{ij}^{*} \leqslant r_2 \\ 3, & r_2 < scale_{ij}^{*} \leqslant r_3 \\ 4, & r_3 < sacle_{ij}^{*} \leqslant r_4 \\ 5, & r_4 < scale_{ij}^{*} \leqslant r_5 \end{cases} \tag{5.20}$$

只有当 $part_{ij} = 1$ 时，$sacle_{ij}$ 才能被观测到，即：

$$scale_{ij} = \begin{cases} 可观测, & part_{ij} = 1 \\ 不可观测, & part_{ij} = 0 \end{cases} \tag{5.21}$$

其中，i 代表第 i 个个体，j 代表个体所在的省份，$scale_{ij}^*$ 为不可观测的潜变量，$scale_{ij}$ 为我们可观测到的农村居民选择的缴费档次，取值为 1、2、3、4、5，分别代表选择第一档、第二档、第三档、第四档、第五档。r_1、r_2、r_3 和 r_4 为实际切点，4 个切点将缴费档次分为 5 档。其中，r_0 趋于无穷小，r_5 趋于无穷大。其余各解释变量的含义与式（5.17）和式（5.18）中的相同，φ 为系数列向量，$\mu_{ij} \sim N(0, 1)$，$corr(\varepsilon, \mu) = \rho$。

式（5.19）、式（5.17）分别被称为结果方程和选择方程。当 $\rho \neq 0$ 时，直接对结果方程进行有序 Probit 回归，估计结果是有偏的，而 Heckoprobit 模型可以得到一致、渐进有效的估计，此时应建立 Heckoprobit 模型进行研究。因此，在利用 Stata 软件进行 Heckoprobit 估计时，需要对 ρ 是否取值为 0 进行检验。如果估计时使用了稳健标准误的选项，回归得到的是 Wald 检验统计量，否则得到的是 LR 检验统计量。

5.5.2　估计结果及经济意义解释

与 5.4.2 节一致，本节首先使用 2019 年 CHFS 数据，建立 Heckoprobit 模型考察了从众效应、城镇化率和提高缴费门槛对农村居民缴费档次选择的影响，其次使用 2017 年和 2015 年的相关数据也做了同样的研究，不同的是这两年缴费门槛并未发生变化，因此没有使用是否提高了缴费门槛这一虚拟变量作为解释变量。由于同一家庭中的个体的缴费决策并非相互独立，因此估计的时候使用了家庭层面群稳健标准误，利用 Stata16 软件得到的估计结果如表 5.5 所示。

表 5.5　**Heckoprobit 模型的估计结果（2019 年）**

解释变量	结果方程	选择方程
上一期参照组平均参保率	—	3.3355***
	—	(0.0000)
上一期参照组缴费额的众数（对数）	0.5532***	0.1850***
	(0.0000)	(0.0000)
城镇化率	1.7944***	−1.0669***
	(0.0000)	(0.0000)
受教育年限	0.0312***	−0.0121***
	(0.0000)	(0.0002)
健康状况	0.0993***	−0.0337
	(0.0001)	(0.1200)
性别	−0.0419***	0.0051
	(0.0036)	(0.6595)
是否有医疗保险	0.2228**	1.0148***
	(0.0171)	(0.0000)
是否属于缴费困难群体	−0.1741***	−0.0437
	(0.0003)	(0.2619)
是否提高了缴费门槛	−0.6193***	0.0403
	(0.0000)	(0.2491)
31~45 岁	0.3500***	0.6102***
	(0.0000)	(0.0000)
46~59 岁	0.5253***	0.9625***
	(0.0000)	(0.0000)
中等收入组	0.1234***	0.0037
	(0.0004)	(0.8982)

续表

解释变量	结果方程	选择方程
高收入组	0.2331***	0.0249
	(0.0000)	(0.3870)
中部	0.4759***	0.0393
	(0.0000)	(0.3401)
西部	0.5110***	0.0753
	(0.0000)	(0.1096)
切点1	5.7697***	—
	(0.0000)	—
切点2	6.3612***	—
	(0.0000)	—
切点3	6.5883***	—
	(0.0000)	—
切点4	6.7074***	—
	(0.0000)	—
常数项	—	-3.7222***
	—	(0.0000)
样本容量	27418	
方程总体显著性检验	Waldχ^2(14) = 1999.78、P = 0.0000	
方程独立性 Wald 检验	χ^2(1) = 22.10、P = 0.0000	

从表5.5可以看出，方程总体显著性检验的 P 值为 0.0000，表明模型中的所有解释变量是联合显著的；模型中两个方程独立性的 Wald 检验的 P 值为 0.0000，因此应拒绝原假设 $\rho = 0$，说明结果方程与选择方程并

非独立,即农村居民缴费档次的选择与农村居民是否参保这两个决策之间是相关的。这说明本节建立 Heckoprobit 模型研究农村居民缴费档次的选择是适宜的,可解决样本选择性偏倚问题。研究表明:

(1) 从众效应对农村居民是否参保以及农村居民缴费档次的选择都具有显著的正向影响。上一期参照组平均参保率越高,农村居民越倾向于参保,上一期参照组缴费额的众数越大,参保人员选择更高缴费档次的概率也越大,说明农村居民在做出参保决策时会选择从众,即"别人参加,我就参加;别人交多少,我就交多少",本书的第一个基本判断得以验证。2017 年和 2015 年的回归结果也支持了这一结论(见附表 3.1)。

(2) 城镇化率越高的地区,农村居民选择更高缴费档次的概率越大,第二个基本判断成立。这可能是因为,城镇化率越高的地区,农村居民外出就业的机会越多,预期未来收入会更高,加之他们可获得的信息量更多,对新农保制度也越加了解,更认可这一制度。此外,城镇居民依靠社会养老保险进行养老的观念会对农村居民产生示范效应,使其转变养老观念,这些都增加了参保居民选择更高缴费档次的概率。这一结论在 2017 年和 2015 年的回归分析中仍然成立(见附表 3.1)。

(3) 是否提高了缴费门槛对农村居民缴费档次的选择产生了显著的负向影响,意味着提高缴费门槛会降低农村居民选择更高缴费档次的概率。这可能是因为,缴费门槛的提高,使农村居民想要再次向上提高一个缴费档次的经济压力变大,也有可能让农村居民产生一种未来缴费档次的门槛会越来越高的预期,从而削弱提高缴费档次的意愿。笔者认为,产生这一负向激励的根本原因在于农村居民养老模式未能从养儿防老模式完全转换为社会化养老保障模式。只有当农村居民将新农保制度视作最主要的养老手段时,才会产生内在动力来提高缴费档次,从而增加个人账户积累额。

（4）2015年、2017年和2019年的截面回归均表明，与低收入组相比，高收入组农村居民选择更高缴费档次的概率更大，说明不同收入水平的农村居民缴费档次的选择存在差异。这可能是因为，高收入组农村居民抵抗风险的能力更强，而低收入组农村居民更容易面临流动性约束。如果收入受到冲击，低收入组农村居民很可能会因为交不起养老保险费用而被迫断保，进而影响其个人账户积累额，而高收入组农村居民不存在断保风险。

（5）年龄分组变量对农村居民是否参保和农村居民缴费档次的选择的影响均显著为正，与16~30岁的农村居民相比，31~45岁和46~59岁的居民更倾向于参保且选择高缴费档次的概率更大。这与我们的预期相符，年龄越大，农村居民的养老意愿越强烈，越倾向于参加新农保；越临近领保年龄，农村居民越愿意选择高的缴费档次，缴纳更多的养老保险费用以增加个人账户积累额，提升养老保障水平。

（6）是否属于缴费困难群体对农村居民缴费档次选择的影响显著为负，意味着缴费困难群体选择更高缴费档次的概率会下降，这与地方政府为其代缴部分或者全部养老保险费用的政策是相符的。受教育年限越长或者健康状况越好的农村居民，选择更高缴费档次的概率越大，这可能是因为，受教育年限越长，他们对新农保政策的理解越透彻，越倾向于选择高的缴费档次，以便到龄后可以领取更多的养老金；健康状况越好的农村居民对自身寿命的预期越长，预期能够领取养老金的年限越久，则越倾向于选择高的缴费档次。与女性相比，男性选择更高缴费档次的概率更小。

Heckoprobit模型中的参数估计值的含义并不直观，只能据此判断出各解释变量对被解释变量的影响方向。为了解释各个变量对参保居民缴费档次选择的影响程度，笔者计算了结果方程的边际效应（见表5.6）。

表 5.6　Heckoprobit 模型的边际效应分析（2019 年）

解释变量	缴费档次				
	1	2	3	4	5
上一期参照组缴费额的众数（对数）	− 0. 1468 ***	0. 0643 ***	0. 0213 ***	0. 0098 ***	0. 0514 ***
	（0. 0000）	（0. 0000）	（0. 0000）	（0. 0000）	（0. 0000）
城镇化率	− 0. 4760 ***	0. 2086 ***	0. 0691 ***	0. 0317 ***	0. 1667 ***
	（0. 0000）	（0. 0000）	（0. 0000）	（0. 0000）	（0. 0000）
受教育年限	− 0. 0083 ***	0. 0036 ***	0. 0012 ***	0. 0006 ***	0. 0029 ***
	（0. 0000）	（0. 0000）	（0. 0000）	（0. 0000）	（0. 0000）
健康状况	− 0. 0263 ***	0. 0115 ***	0. 0038 ***	0. 0018 ***	0. 0092 ***
	（0. 0001）	（0. 0001）	（0. 0001）	（0. 0003）	（0. 0002）
性别	0. 0111 ***	− 0. 0049 ***	− 0. 0016 ***	− 0. 0007 ***	− 0. 0039 ***
	（0. 0039）	（0. 0037）	（0. 0043）	（0. 0053）	（0. 0043）
是否有医疗保险	− 0. 0591 **	0. 0259 **	0. 0086 **	0. 0039 **	0. 0207 **
	（0. 0122）	（0. 0140）	（0. 0123）	（0. 0108）	（0. 0112）
是否属于缴费困难群体	0. 0462 ***	− 0. 0202 ***	− 0. 0067 ***	− 0. 0031 ***	− 0. 0162 ***
	（0. 0004）	（0. 0004）	（0. 0005）	（0. 0007）	（0. 0005）
是否提高了缴费门槛	0. 1643 ***	− 0. 0720 ***	− 0. 0238 ***	− 0. 0109 ***	− 0. 0575 ***
	（0. 0000）	（0. 0000）	（0. 0000）	（0. 0000）	（0. 0000）
31 ~ 45 岁	− 0. 0805 ***	0. 0394 ***	0. 0117 ***	0. 0052 ***	0. 0242 ***
	（0. 0000）	（0. 0000）	（0. 0000）	（0. 0000）	（0. 0000）
46 ~ 59 岁	− 0. 1300 ***	0. 0602 ***	0. 0189 ***	0. 0085 ***	0. 0423 ***
	（0. 0000）	（0. 0000）	（0. 0000）	（0. 0000）	（0. 0000）

续表

解释变量	缴费档次				
	1	2	3	4	5
中等收入组	-0.0311*** (0.0004)	0.0143*** (0.0005)	0.0045*** (0.0005)	0.0020*** (0.0007)	0.0102*** (0.0005)
高收入组	-0.0612*** (0.0000)	0.0272*** (0.0000)	0.0089*** (0.0000)	0.0041*** (0.0000)	0.0210*** (0.0000)
中部	-0.1106*** (0.0000)	0.0506*** (0.0000)	0.0158*** (0.0000)	0.0071*** (0.0000)	0.0372*** (0.0000)
西部	-0.1204*** (0.0000)	0.0545*** (0.0000)	0.0171*** (0.0000)	0.0078*** (0.0000)	0.0410*** (0.0000)

从表5.6可以看出：

（1）上一期参照组缴费额的众数每增加1%，居民选择最低缴费档次的概率会降低0.001468，选择第二档、第三档、第四档、第五档的概率将分别增加0.000643、0.000213、0.000098、0.000514。因此，只有让更多的农村居民了解并认识到新农保制度的优越性，提升大多数参保居民的缴费档次，才能最终提高全民缴费档次。

（2）城镇化率每提高1%，居民选择最低缴费档次的概率会降低0.00476，选择第二档、第三档、第四档、第五档的概率将分别增加0.002086、0.000691、0.000317、0.001667。可见，城镇化进程的逐步推进有助于农村居民提高缴费档次。

（3）与所在省份未提高缴费门槛的农村居民相比，提高缴费门槛使农村居民选择最低缴费档次的概率增加了0.1643，选择第二档、第三档、第四档、第五档的概率将分别减少0.0720、0.0238、0.0109、0.0575。

（4）与低收入组农村居民相比，高收入组农村居民选择最低缴费档次的概率下降0.0612，选择第二档、第三档、第四档、第五档的概率将分别增加0.0272、0.0089、0.0041、0.0210。因此，不同收入水平的农村居民缴费档次的选择存在差异，努力提高农村居民收入水平有助于提高居民缴费档次。

（5）与16~30岁的农村居民相比，31~45岁农村居民选择最低缴费档次的概率下降0.0805，选择第二档、第三档、第四档、第五档的概率将分别增加0.0394、0.0117、0.0052、0.0242。与16~30岁的农村居民相比，46~59岁选择最低缴费档次的概率下降0.1300，选择第二档、第三档、第四档、第五档的概率将分别增加 0.0602、0.0189、0.0085、0.0423。

进一步地，笔者使用2017年和2015年数据得到的Heckoprobit模型的估计结果及边际效应结果详见附录3中的附表3.2和附表3.3，可以看到，从众效应和城镇化率对农村居民缴费档次的选择的影响均显著，本书的基本判断一和基本判断二仍然成立。其余结果的分析与2019年类似，在此不再赘述。

5.5.3　稳健性检验

为了检验Heckoprobit模型回归结果的稳健性，笔者采用了如下两种方法：

第一，改变测度从众效应的方法。根据CHFS数据计算上一期参照组缴费额的中位数，替换上一期参照组缴费额的众数，用来测度结果方程的从众效应；第二，采用"掐头去尾"的办法，去掉城镇化率最高和最低的省份的观测值。两种稳健性检验方法所得的模型估计结果如表5.7所示。从表5.7可以看出，在两种稳健性检验方法下，模型中两个方程独立性 Wald 检验的 P 值均小于 0.01，因此，在 1% 的显著性水平下应拒绝原假设 $\rho=0$，说明结果方程与选择方程并非独立，即农村居民缴费档次的选择与农村居民是否参保这一决策之间是相关的，本节建立 Heckoprobit 模型研究农村居民缴费档次的选择是适宜的。从众效应和城镇化率的符号和显著性并未发生改变，第一个基本判断和第二个基本判断仍然成立。总而言之，两种检验方法均表明本章的回归结果是稳健的。两种稳健性检验方法所得的模型边际效应结果见附表4.1和附表4.2。

表 5.7　Heckoprobit 模型的稳健性检验（2019 年）

解释变量	改变从众效应的测度方法		去掉城镇化率最高和最低的省份	
	结果方程	选择方程	结果方程	选择方程
上一期参照组平均参保率	—	3.4658 ***	—	3.3275 ***
	—	（0.0000）	—	（0.0000）
上一期参照组缴费额的众数（对数）	—	—	0.6808 ***	0.1647 ***
	—	—	（0.0000）	（0.0000）
上一期参照组缴费额的中位数（对数）	0.6544 ***	0.0849 ***	—	—
	（0.0000）	（0.0081）	—	—
城镇化率	1.6417 ***	−0.8359 ***	1.8288 ***	−1.2337 ***
	（0.0000）	（0.0013）	（0.0000）	（0.0000）
受教育年限	0.0311 ***	−0.0118 ***	0.0307 ***	−0.0102 ***
	（0.0000）	（0.0002）	（0.0000）	（0.0019）
健康状况	0.0958 ***	−0.0352	0.0941 ***	−0.0314
	（0.0002）	（0.1045）	（0.0004）	（0.1584）

解释变量	改变从众效应的测度方法		去掉城镇化率最高和最低的省份	
	结果方程	选择方程	结果方程	选择方程
性别	−0.0427 ***	0.0046	−0.0366 **	0.0039
	(0.0032)	(0.6907)	(0.0138)	(0.7369)
是否有医疗保险	0.2219 **	1.0125 ***	0.1615 *	1.0039 ***
	(0.0171)	(0.0000)	(0.0793)	(0.0000)
是否属于缴费困难群体	−0.1767 ***	−0.0433	−0.1799 ***	−0.0687
	(0.0003)	(0.2661)	(0.0006)	(0.1002)
是否提高了缴费门槛	−0.6066 ***	0.0268	−0.6115 ***	0.0233
	(0.0000)	(0.4432)	(0.0000)	(0.5140)
31~45 岁	0.3459 ***	0.6108 ***	0.3062 ***	0.5795 ***
	(0.0000)	(0.0000)	(0.0000)	(0.0000)
46~59 岁	0.5139 ***	0.9636 ***	0.4656 ***	0.9284 ***
	(0.0000)	(0.0000)	(0.0000)	(0.0000)
中等收入组	0.1241 ***	0.0045	0.1216 ***	−0.0012
	(0.0004)	(0.8774)	(0.0009)	(0.9673)
高收入组	0.2389 ***	0.0251	0.2340 ***	0.0136
	(0.0000)	(0.3829)	(0.0000)	(0.6483)
中部	0.5872 ***	0.0397	0.4527 ***	0.0270
	(0.0000)	(0.3443)	(0.0000)	(0.5265)
西部	0.6025 ***	0.0596	0.5849 ***	0.0546
	(0.0000)	(0.2100)	(0.0000)	(0.2563)
切点 1	6.2607 ***	—	6.2342 ***	—
	(0.0000)	—	(0.0000)	—

续表

解释变量	改变从众效应的测度方法		去掉城镇化率最高和最低的省份	
	结果方程	选择方程	结果方程	选择方程
切点 2	6.8628***	—	6.8518***	—
	(0.0000)	—	(0.0000)	—
切点 3	7.0945***	—	7.0921***	—
	(0.0000)	—	(0.0000)	—
切点 4	7.2163***	—	7.2174***	—
	(0.0000)	—	(0.0000)	—
常数项	—	−3.4702***	—	−3.4771***
	—	(0.0000)	—	(0.0000)
样本容量	27418		25709	
方程总体显著性检验	Waldχ^2 (14) = 2231.91		Waldχ^2 (14) = 1499.07	
	P = 0.0000		P = 0.0000	
方程独立性 wald 检验	χ^2 (1) = 21.08 P = 0.0000		χ^2 (1) = 14.23 P = 0.0002	

5.6 城镇居民城居保参保行为的
描述性统计分析

在 2009 年新农保制度开始地方试点之后，城镇未参加城镇职工基本养老保险的非从业居民便成为唯一未被社会养老保险制度覆盖的群体。为了解决这类群体的养老问题，达成全民老有所养的目标，国发〔2011〕

18 号文件规定从 2011 年开始进行城居保试点，到 2012 年底，我国已实现城居保制度全覆盖。考虑到两个制度的差异较小，国发〔2014〕8 号文件将二者合并实施，统称为城乡居民基本养老保险制度。作为城乡居民基本养老保险的两大组成部分，城居保制度和新农保制度的实施办法完全一致。由于城镇居民和农村居民所处的环境不同，相同政策也可能产生不完全一致的结果。

由于符合城居保参保条件的城镇居民较少，参保者选择的缴费档次的观测值较少，有些省份的观测值不足 10 个，因此，笔者没有建立计量模型对城镇居民城居保参保行为进行实证研究，而是对其做了简单的描述性统计分析（见表 5.8）。

表 5.8　城镇居民城居保参保情况的描述性统计

变量名		样本容量	均值/频数	标准差/百分比	最小值	最大值
是否参保（2015）	0	6933	5538	79.8800	0	1
	1		1395	20.1200		
是否参保（2017）	0	6817	5136	75.3400	0	1
	1		1681	24.6600		
是否参保（2019）	0	4348	3063	70.4500	0	1
	1		1285	29.5500		
平均缴费额（2015）		686	772.7959	895.8281	24	4992
平均缴费额（2017）		802	772.7225	870.0969	12	4800
平均缴费额（2019）		1012	624.4960	761.0960	13	5000
平均缴费档次（2015）		686	2.8601	1.9083	1	5

变量名		样本容量	均值/频数	标准差/百分比	最小值	最大值
平均缴费档次（2017）		802	2.9352	1.8565	1	5
平均缴费档次（2019）		1012	2.7016	1.7403	1	5
所选缴费档次（2015）	1	686	320	46.6500	1	5
	2		52	7.5800		
	3		8	1.1700		
	4		16	2.3300		
	5		290	42.2700		
所选缴费档次（2017）	1	802	337	42.0200	1	5
	2		65	8.1000		
	3		45	5.6100		
	4		23	2.8700		
	5		332	41.4000		
所选缴费档次（2019）	1	1012	424	41.9000	1	5
	2		139	13.7400		
	3		80	7.9100		
	4		53	5.2400		
	5		316	31.2300		
受教育年限（2015）		6908	10.9499	3.6980	0	22
受教育年限（2017）		6791	11.0695	3.5953	0	22
受教育年限（2019）		4332	10.8631	3.5853	0	19
年龄（2015）		6933	37.6110	11.3468	16	59
年龄（2017）		6817	38.2445	11.8933	16	59

续表

变量名		样本容量	均值/频数	标准差/百分比	最小值	最大值
年龄（2019）		4348	39.5110	11.1643	16	59
家庭人均收入（对数）（2015）		6822	9.1428	1.5555	3.4059	12.2714
家庭人均收入（对数）（2017）		6707	9.6186	1.1270	5.5496	12.4761
家庭人均收入（对数）（2019）		4187	9.6717	1.0501	6.1374	12.4373
健康状况（2015）	0	6929	2973	42.9100	0	1
	1		3956	57.0900		
健康状况（2017）	0	6816	2639	38.7200	0	1
	1		4177	61.2800		
健康状况（2019）	0	4348	2044	47.0100	0	1
	1		2304	52.9900		
性别（2015）	0	6933	3478	50.1700	0	1
	1		3455	49.8300		
性别（2017）	0	6816	3412	50.0600	0	1
	1		3404	49.9400		
性别（2019）	0	4348	2216	50.9700	0	1
	1		2132	49.0300		
是否有医疗保险（2015）	0	6769	2153	31.81	0	1
	1		4616	68.19		
是否有医疗保险（2017）	0	6713	1458	21.72	0	1
	1		5255	78.28		
是否有医疗保险（2019）	0	4339	921	21.2300	0	1
	1		3418	78.7700		

— 125 —

续表

变量名		样本容量	均值/频数	标准差/百分比	最小值	最大值
是否属于缴费困难群体（2015）	0	6919	6172	89.2036	0	1
	1		747	10.7964		
是否属于缴费困难群体（2017）	0	6817	6159	90.3477	0	1
	1		658	9.6523		
是否属于缴费困难群体（2019）	0	4348	3962	91.1200	0	1
	1		386	8.8800		

以 2019 年的数据为例，对于城镇居民，我们保留年满 16 周岁（不含在校生），未参加城镇职工养老保险的观测值，共计 7421 个；剔除已参保但缴费额为 0 元或者缴费额大于所在省份最高档次的数据，得到 6304 个观测值；考虑到北京市只设置了最低门槛和最高门槛，参保者可以任意选择缴费金额，我们剔除北京市的 162 个观测值，得到 6142 个城镇观测值。本节研究的是处于缴费阶段的城镇居民的参保行为，因此，剔除年龄 60 周岁及以上的城镇居民，最终得到 4348 个观测值。

从表 5.1 和表 5.8 可以看出：一是农村居民新农保参保率明显高于城镇居民城居保参保率，在 2015 年、2017 年和 2019 年，农村居民新农保参保率分别为 59.65%、64.97% 和 66.75%，而同期城镇居民城居保参保率分别为 20.12%、24.66% 和 29.55%；二是面对同样的政策设计，城镇居民城居保平均缴费额高于农村居民新农保平均缴费额，前者是后者的两倍多，并且农村居民选择的缴费档次低于城镇居民选择的缴费档次。

笔者认为，产生以上两个现象的原因主要有三个：

（1）收入差异。城居保制度设立之初就考虑到城乡居民的收入差异，因此城居保设立之初的缴费档次在新农保设立之初 100 元/年、200 元/年、300 元/年、400 元/年和 500 元/年共计五个缴费档次的基础上，增设了 600 元/年、700 元/年、800 元/年、900 元/年和 1000 元/年这五个较高的档次，在 2014 年两项制度合并之后，还增设了 1500 元/年和 2000元/年两个档次。

CHFS 数据表明，2015 年、2017 年和 2019 年城镇居民家庭人均收入平均为 9346.90（$e^{9.1428}$）元、15041.98（$e^{9.6186}$）元和 15862.29（$e^{9.6717}$）元，而同期农村居民家庭人均收入平均为 6783.85（$e^{8.8223}$）元、7884.86（$e^{8.9727}$）元和 8912.41（$e^{9.0952}$）元，因此，城镇居民的缴费能力比农村居民强。与农村居民相比，参加城居保的城镇居民选择的缴费档次较高，平均缴费额也高。

（2）社会福利制度的差异。目前，我国的社会养老保险制度分为两大类：城镇职工基本养老保险和城乡居民基本养老保险，且前者的养老保障水平远远高于后者（见表 3.2）。作为保障性兜底政策，城乡居民基本养老保险制度设立之初实行了"保基本"方针，因此待遇水平较低。具体来看，城乡居民基本养老保险的养老金待遇包括个人账户养老金和基础养老金，其中，个人账户养老金积累额（由个人缴费、集体补助和政府补贴组成）除以计发系数 139 即为个人养老金发放标准。基础养老金发放标准由中央统一制定，国家财政全额发放，对于所有参保者，可领取到的基础养老金数额是一样的。2009 年新农保试点之初，基础养老金最低标准为每人每月 55 元，2011 年城居保试点之初的基础养老金标准也是每人每月 55 元，虽然自 2014 年 7 月 1 日、2018 年 1 月 1 日起这一标准分别提高至每人每月 70 元、88 元，并且人社部发〔2020〕67 号文件决定自 2020 年 7 月 1 日起将这一标准提高至每人每月 93 元，但是三次调整之后的基础养老金月发放标准仍不足百元。城镇职工基本养老保险的个人账户养老金计发系数与城乡居民基本养老保险的计发系数相同，但是基础养老金的发放标准是以当地上年度在岗职工月平均工资和本人指数化月平均缴费工资的平均值为基数，缴费每满 1 年发给 1%，两项制度的基础养老金部分存在明显差异。

与农村居民相比，城镇居民就业机会相对较多，因此，城镇居民在参加城居保之外还可以有其他的选择，在收入允许的前提下，他们会更倾向于选择待遇水平较高的城镇职工基本养老保险。例如，对于能够实现灵活就业的城镇居民，在收入水平相对稳定的情况下，会优先选择参加城镇职工基本养老保险；对于中青年群体，在就业状态未稳定之前，可能会选择不参保。因此，与农村居民相比，城镇居民城居保参保率会偏低。

（3）养老观念差异。从第 3 章可知，我国养老保险制度起源于城镇，因此，城镇居民从家庭代际转移的养儿防老保障模式转换为依靠社会养老保险保障模式的时间要早于农村居民，他们对社会化养老方式的接受和认可程度远高于农村居民。如表 4.2 所示，社会化的养老方式并非农村居民的首选，他们仍旧认为养老主要由子女负责，政府/子女/老人责任均摊次之；而城镇居民恰恰相反，他们认为养老责任主要由政府/子女/老人均摊，其次是靠子女。

养老观念的差异导致农村居民和城镇居民面对同一种养老保险制度时，会产生截然不同的参保行为。城镇居民参加社会养老保险的意识比农村居民更强，他们会将社会养老保险视作最主要的养老手段，为了保障退休后的养老生活，城镇居民会选择更高的缴费档次，以增加个人账户积累额。

5.7 小结

根据样本数据特点，本章首先建立了二元选择模型考察了从众效应、城镇化率和是否提高了缴费门槛等变量对农村居民是否参保这一决策的影响，研究发现，从众效应对农村居民是否参保具有显著的正向影响，城镇化率的影响在2019年显著为负，但是在2017年和2015年的回归结果中不显著，是否提高了缴费门槛对农村居民是否参保的影响也不显著。其次，在考虑了样本自选择问题之后，建立了Heckoprobit对农村居民缴费档次的选择进行了研究，研究表明，从众效应、城镇化率对农村居民缴费档次的选择具有显著的正向影响，是否提高了缴费门槛对农村居民缴费档次的选择具有显著的负向影响。由此可知，农村居民是否参保和缴费档次的选择的实证结果验证了第4章提出的四个基本判断。

为了检验Heckoprobit模型回归结果的稳健性，本章分别采用了改变测度从众效应的方法、"掐头去尾"去掉城镇化率最高和最低的省份的观测值进行回归分析的方法，结果表明Heckoprobit模型的估计结果是稳健的。

此外，本章还对城乡居民基本养老保险在农村和城镇的施行情况进行了比较分析。研究发现，城乡居民在面对相同的养老保险制度时，呈现出两大特点：一是农村居民新农保的参保率高于城镇居民城居保参保率，二是农村居民选择的缴费档次低于城镇居民。笔者从收入差异、社会福利制度的差异、养老观念差异三个角度对此做出了解释。

第6章

Six

结论、政策建议及展望

6.1 结 论

　　首先，本书基于 2010~2020 年度《人力资源和社会保障事业发展统计公报》中城乡居民基本养老保险的实施情况和两个调研案例，发现农村居民新农保参保行为存在"高参保率、低缴费档次"且缴费档次比较集中的现象。其次，根据生命周期假说和世代交叠模型将养老模式分为个人储蓄养老、养儿防老和社会化养老保障模式三种，并对三种模式进行简单比较，指出随着社会经济的发展和社会养老保险制度的建立，养儿防老保障模式转换为社会化养老保障模式是必然趋势，只是过程可能比较漫长。再次，我国农村养儿防老观念短期难以改变、农村居民居住环境固定且文化水平有限、城镇化率逐年提高、农村居民收入水平较低且收入稳定性差这样的四个现实，因此生命周期假说赖以成立的三个条件在我国农村现实中往往难以全部满足。最后，在将理论与我国农村现实相结合之后，本书认为农村居民新农保参保行为是有限理性的，据此对影响农村居民新农保参保的因素做出基本判断，分别建立二元选择模型和 Heckoprobit 模型对其进行验证，重点考察从众效应、城镇化率和政策调整对农村居民是否参保、农村居民缴费档次的选择的影响。在实证分析中，考虑到直接对农村居民缴费档次的选择进行研究会产生样本自选择问题，因此建立了 Heckoprobit 模型对农村居民缴费档次的选择进行研究，以解决可能存在的样本选择偏倚，并采用两种方法对 Heckoprobit 模型的稳健性进行检验，结果表明 Heckoprobit 模型的回归结果是稳健的。

此外，我国农村居民的养老观念仍以养儿防老为主，而城镇居民早已习惯于依赖社会养老保险进行养老，城乡居民养老观念存在显著差异。由此我们判断，即使城乡居民面对同一种养老保险制度时，他们的参保行为也可能有所不同。因此，本书对城乡居民参保行为也进行了比较分析。

通过一系列理论分析与实证研究，本书得到如下结论：

（1）从众效应会对农村居民是否参保以及参保农民缴费档次的选择产生显著的正向影响。上一期参照组平均参保率越高，农村居民越倾向于参保；上一期参照组缴费额的众数越大，参保人员选择更高缴费档次的概率越大。具体而言，上一期参照组平均参保率每提高1%，农村居民参保的概率将会增加大约0.01；上一期参照组缴费额的众数每增加1%，居民选择最低缴费档次的概率会降低0.001468，选择第五档的概率将增加0.000514。这说明农村居民在做出参保决策时会选择从众，即"别人参加，我就参加；别人交多少，我就交多少"，本书的第一个基本判断得以验证。因此，只有让更多的农村居民了解并认识到新农保制度的优越性，提升大多数参保居民的参保意愿和缴费档次，才能最终提高全民参保率和缴费档次。

（2）城镇化率越高的地区，农村居民选择更高缴费档次的概率越大，本书的第二个基本判断成立。具体而言，城镇化率每提高1%，居民选择最低缴费档次的概率会降低0.00476，选择第五档的概率将增加0.001667。可见，城镇化进程的逐步推进有助于农村居民提高缴费档次。这可能是因为：一是城镇化率高的地区农村居民的就业机会较多，他们对未来收入预期更为乐观，更有可能选择高的缴费档次；二是在城镇化率高的地区，农村居民可获得的信息量增多，对新农保制度更加了解，更愿意选择高的缴费档次；三是城镇居民依靠社会化养老保障模式的观念对农村居民产生了示范效应，随着农村居民养老观念的逐步改变，其更倾向于选择高的缴费档次以提升养老保障水平。

（3）就提高缴费门槛这一政策调整的效果而言，它对农村居民是否参保的影响不显著，但是会降低农村居民选择更高缴费档次的概率。与所在省份未提高缴费门槛的农村居民相比，提高缴费门槛使农村居民选择最低缴费档次的概率增加了 0.1643，选择第五档的概率将减少 0.0575。这可能是因为，缴费门槛的提高，使农村居民想要再次向上提高一个缴费档次的经济压力变大，也有可能产生一种未来缴费档次的门槛会越来越高的预期，从而削弱提高缴费档次的意愿。笔者认为，产生这一负向激励的根本原因在于农村居民养老模式未能从养儿防老模式完全转换为社会化养老保障模式。只有当农村居民将新农保制度视作最主要的养老手段时，才会产生内在动力提高缴费档次，从而增加个人账户积累额。

（4）与低收入组农村居民相比，高收入组农村居民更倾向于选择更高的缴费档次。这可能是因为，高收入组农村居民抵抗风险的能力更强，而低收入组农村居民的收入具有更多的不确定性，更容易面临流动性约束。只有想方设法增加低收入居民对未来的收入水平有较好的预期，减少收入的不确定性，才有可能促使其提升缴费档次，本书的第三个基本判断也成立。

（5）年龄分组变量对农村居民是否参保和农村居民缴费档次的选择的影响均显著为正，与 16~30 岁的农村居民相比，31~45 岁和 46~59 岁的居民更倾向于参保，选择高缴费档次的概率也更大。这可能是因为，年龄越大，农村居民的养老意愿越强烈，越愿意参加新农保；年龄越大，农村居民越临近领保年龄，越愿意选择高的缴费档次，通过缴纳更多的养老保险费用以增加个人账户积累额，提升养老保障水平。因此，提升参保者缴费档次应重点从青年群体入手。

6.2　政策建议

针对本书的主要结论，笔者给出如下政策建议：

第一，针对从众效应影响农村居民新农保参保行为这一问题，建议从改变政策宣传方式，加大政策宣传力度入手。从众效应产生的根本原因在于信息不完全。由于对政策知之甚少，为避免"遭受经济损失"，农村居民在做出参保决策时，会"有样学样"，即"别人参加，我就参加；别人交多少，我就交多少"，导致绝大多数参保人员都选择了最低缴费档次。据笔者所知，在政策实施之初，大多数基层协办员为了完成征缴任务，并未准确传达制度相关内容。以内蒙古通辽市开鲁县某村为例，基层协办员在征缴过程中并未告知居民有多种缴费档次可供选择，只告知每年缴费100元，到了60周岁即可领取养老金，因此，该地区居民都集中选择了最低缴费档次。山西省某村负责新农保征缴工作的人员为本村会计，在笔者与其交谈过程中，发现他对制度的相关规定并不了解，因此也无法做到向农村居民答疑解惑。近年来，笔者发现居民对制度不甚了解的现象仍然存在，在"重庆社保"微信公众号2022年2月18日发布的《注意~城乡居民基本养老保险缴费档次调整啦!》一文中，留言区仍有居民在询问诸如"农村消息滞后，53岁才知道这些信息，缴不够15年怎么办？""125元是啥钱""买这个保险必须是农村户口吗？有什么限制?""如果缴满 15 年,领了一年就去世了,有没有补贴?"等问题,说明即使在新农保已普及十几年的前提下,仍有居民对此政策一知半解。此外,在该科普文中已列出文字和数学计算公式,且标明 125 元是基础养老金的前提下,居民对此仍有疑惑,并不知道 125 元是什么,说明新农保制度的宣传内容不够形象和生动,宣传方式不够灵活。

鉴于上述现象,只有让农村居民充分认识与了解新农保,意识到政策带来的好处,才能慢慢缓解参保人员的顾虑,减低其对政策的偏见,进而选择较高的缴费档次。因此,建议借助自媒体和电视广播等平台,以文艺节目、音频解说、漫画杂谈、视频讲解等方式将新农保政策以通俗易懂的方式传达给农村居民,让居民真正了解这一惠农政策;在高校选拔志愿者、从各行政村择优选拔基层协办员,提高工作人员为居民答疑解惑的能力,以便征缴工作顺利进行。

第二,引导农村居民从传统的养儿防老保障观念转变为依靠社会养老保险养老的观念。新农保制度已在农村实施多年,但对养儿防老观念根深蒂固的农村居民来说,养老模式的转换进程较为缓慢。首先,我们必须意识到传统养老方式被社会养老方式取代是不可逆转的趋势,但是想要彻底改变已经存续了数千年的家庭传统养老方式仍需要很长一段时间,尤其是在农村地区。其次,城镇化进程的加快有助于农村居民养老观念的转变,与农村相比,城镇作为养老保险的起源地,城镇居民更习惯于依靠养老保险。在城镇化率逐年提高的同时,农村居民会受到城镇居民示范效应的影响,逐步改变养老观念。最后,应大力发展教育事业,通过提高农村居民子女的文化水平,达到子辈带动父辈转变养老观念的目的。只有当农村居民转变养老观念,将新农保制度视为主要的养老手段时,他们才有内在动力去提升缴费档次。

第三，努力提高居民收入水平，逐步提升缴费档次。与城职保相比，新农保的适用群体并无正式工作，这也意味着农村居民经常会面临收入不确定的风险。如果农村居民因遭遇收入冲击而发生断缴，日后再补缴的话便不能享受政府的入口补贴，这将影响其个人账户积累额。建议因地制宜，发展农村当地的特色产业，创造更多的就业机会，针对农村居民增设不同的技能培训班，提升居民自身技术水平，进而提高居民收入，使其具备缴费能力及提升缴费档次的底气。

第四，引导青年群体尽早参保。本书研究发现，31～45 岁和 46～59 岁的农村居民，比 16～30 岁的农村居民更愿意参保和选择高的缴费档次。考虑到 16～30 岁的农村居民大多处于择业期，就业地点也容易发生变化，随着城镇化进程的加快，人员流动性也在加大，因此，建议打破参保户籍地的限制，早日落实各种养老保险制度之间的过渡与衔接工作，保障农村居民在跨地区流动或者同一地区更换工作之后，养老保险账户可以不受影响，提升居民对养老保险制度的信任度，从而引导居民尽早参保，达到增加缴费年限，提高缴费档次，提升养老保障水平的目的。

6.3　展望

首先，受调查数据的限制，本书对农村居民新农保参保行为的研究，考虑的因素可能还不够全面，对农村居民可能面临的收入不确定性没有做进一步的分析。

其次，为了保护受访者的隐私，微观调查数据没有公布更具体的区县级信息，本书未能考察市县级财政补贴政策的不同对农村居民新农保参保行为的影响。这是本书的一大缺憾，也是未来努力的方向。

再次，受数据可获得性的限制，本书仅从描述性统计角度对城镇居民城居保参保行为进行了分析，并与农村居民新农保参保行为做了比较。在未来的研究中，如果可以获得更多的有关城镇居民城居保参保缴费档次的数据，可对此建立计量模型，做进一步的实证研究，深入分析同一制度下农村居民新农保参保行为与城镇居民城居保参保行为的差异。

最后，目前缴费档次的调整具有三大趋势：一是提高最低缴费门槛，二是提高最高缴费标准门槛，三是精减总档次数。本书仅研究了提高最低缴费门槛对农村居民新农保参保行为的影响，在未来的研究中，如果有相关数据，可对政策调整前后作进一步的对比分析，研究政策调整的效果。

附　录

附录1 2018 年部分省（自治区、直辖市）缴费档次的设定情况

附表 1.1 2018 年部分省（自治区、直辖市）缴费档次的设定情况

地区	缴费档次的设定	总档次数
全国	100 元至 1000 元（每档相差 100 元）、1500 元、2000 元	12
北京市	1000 元至 9000 元之间任选	—
天津市	600 元至 3300 元，每 300 元跳 1 档	10
河北省	100 元至 1000 元（每档相差 100 元）和 1500 元、2000 元、3000 元	13
山西省	100 元至 1000 元（每档相差 100 元）和 1500 元、2000 元	12
内蒙古自治区	100 元至 1000 元（每档相差 100 元）和 1500 元、2000 元、3000 元	13
辽宁省	100 元至 1000 元（每档相差 100 元）和 1500 元、2000 元	12
吉林省	100 元至 1000 元（每档相差 100 元）和 1500 元、2000	12
黑龙江省	100 元至 1000 元（每档相差 100 元）和 1500 元、2000 元	12
上海市	500 元至 1300 元（每档相差 200 元）和 1700 元、2300 元、3300 元、4300 元、5300 元	10

地区	缴费档次的设定	总档次数
江苏省	100元、300元、400元、500元、600元、700元、800元、900元、1000元、1500元、2000元、2500元	12
浙江省	100元至1000元（每档相差100元）和1500元、2000元	12
安徽省	200元至1000元（每档相差100元）和1500元、2000元、3000元	12
福建省	100元至2000元，每100元跳1档	20
江西省	300元至1000元（每档相差100元）和1500元、2000元、3000元	11
山东省	100元（只适用于缴费困难群体）、300元、500元、600元、800元、1000元、1500元、2000元、2500元、3000元、4000元、5000元	12
河南省	200元至1000元（每档相差100元）和1500元、2000元、2500元、3000元、4000元、5000元	15
湖北省	100元至1000元（每档相差100元）和1500元、2000元	12
湖南省	100元至1000元（每档相差100元）和1500元、2000元、2500元、3000元	14
广东省	120元、240元、360元、480元、600元、960元、1200元、1800元、2400元、3600元	10
广西壮族自治区	100元至1000元（每档相差100元）和1500元、2000元	12
海南省	200元、300元、400元、500元、600元、700元、800元、900元、1000元、1500元、2000元、3000元、5000元	13

续表

地区	缴费档次的设定	总档次数
重庆市	100 元至 1000 元（每档相差 100 元）和 1500 元、2000 元	12
四川省	100 元至 1000 元（每档相差 100 元）和 1500 元、2000 元、3000 元	13
贵州省	100 元、200 元、300 元、400 元、500 元、600 元、700 元、800 元、900 元、1000 元、1200 元、1500 元、2000 元	13
云南省	100 元至 1000 元（每档相差 100 元）和 1500 元、2000 元	12
西藏自治区	100 元至 1000 元（每档相差 100 元）和 1500 元、2000 元，高于 2000 元标准的，以 100 元为一个缴费档次最高不超过 3000 元	22
陕西省	100 元至 1000 元（每档相差 100 元）和 1500 元、2000 元	12
甘肃省	200 元至 1000 元（每档相差 100 元）和 1500 元、2000 元	11
青海省	100 元至 1000 元（每档相差 100 元）和 1500 元、2000 元	12
宁夏回族自治区	100 元、300 元、500 元、1000 元、2000 元、3000 元	6
新疆维吾尔自治区	100 元至 1000 元（每档相差 100 元）和 1500 元、2000 元、2500 元、3000 元	14

注：不包含港澳台地区的数据。
资料来源：根据相关省份人社部门相关文件整理得出。

附录2　部分年份部分省（自治区、直辖市）城镇化率

附表2.1　部分年份部分省（自治区、直辖市）城镇化率　单位:%

地区	2014年	2016年	2018年	2019年	2020年	2021年
全国	55.75	58.84	61.50	62.71	63.89	64.72
北京市	86.50	86.76	87.09	87.35	87.55	87.50
天津市	82.55	83.27	83.95	84.31	84.70	84.88
河北省	49.36	53.87	57.33	58.77	60.07	61.14
山西省	54.30	57.27	59.85	61.29	62.53	63.42
内蒙古自治区	60.97	63.40	65.51	66.46	67.48	68.21
辽宁省	67.05	68.87	70.26	71.21	72.14	72.81
吉林省	56.81	58.75	60.85	61.63	62.64	63.36
黑龙江省	59.22	61.09	63.46	64.62	65.61	65.69

地区	2014 年	2016 年	2018 年	2019 年	2020 年	2021 年
上海市	89.30	89.00	89.13	89.22	89.30	89.30
江苏省	65.70	68.93	71.19	72.47	73.44	73.94
浙江省	64.96	67.72	70.02	71.58	72.17	72.66
安徽省	49.31	52.62	55.65	57.02	58.33	59.39
福建省	61.99	64.39	66.98	67.87	68.75	69.70
江西省	50.55	53.99	57.34	59.07	60.44	61.46
山东省	54.77	59.13	61.46	61.86	63.05	63.94
河南省	45.05	48.78	52.24	54.01	55.43	56.45
湖北省	55.73	58.57	61.00	61.83	62.89	64.09
湖南省	48.98	52.70	56.09	57.45	58.76	59.71
广东省	68.62	70.15	71.81	72.65	74.15	74.63
广西壮族自治区	46.54	49.24	51.82	52.98	54.20	55.08
海南省	53.30	56.70	59.13	59.37	60.27	60.97

地区	2014 年	2016 年	2018 年	2019 年	2020 年	2021 年
重庆市	59.74	63.33	66.61	68.24	69.46	70.32
四川省	46.51	50.00	53.50	55.36	56.73	57.82
贵州省	40.24	45.56	49.54	51.48	53.15	54.33
云南省	41.21	44.64	47.44	48.67	50.05	51.05
西藏自治区	26.23	31.57	33.80	34.51	35.73	36.61
陕西省	53.01	56.39	59.65	61.28	62.66	63.63
甘肃省	42.28	46.07	49.69	50.70	52.23	53.33
青海省	50.84	53.55	57.27	58.78	60.08	61.02
宁夏回族自治区	54.82	58.74	62.15	63.63	64.96	66.04
新疆维吾尔自治区	46.79	50.42	54.01	55.51	56.53	57.26

注：不包含港澳台地区的数据。

资料来源：2022 年《中国统计年鉴》。

附录 3　2017 年和 2015 年 Heckoprobit 模型的回归结果

附表 3.1　Heckoprobit 模型的估计结果（2017 年和 2015 年）

解释变量	2017 年		2015 年	
	结果方程	选择方程	结果方程	选择方程
上一期参照组平均参保率	—	3.0520 ***	—	3.0986 ***
	—	(0.0000)	—	(0.0000)
上一期参照组缴费额的众数（对数）	0.5500 ***	0.1084 ***	1.2874 ***	−0.0564
	(0.0000)	(0.0001)	(0.0000)	(0.3322)
城镇化率	1.8276 ***	−0.5927 **	1.3590 ***	−0.1861
	(0.0000)	(0.0205)	(0.0000)	(0.4560)
受教育年限	0.0232 ***	−0.0145 ***	0.0142 ***	−0.0108 ***
	(0.0000)	(0.0000)	(0.0007)	(0.0002)
健康状况	0.0865 ***	−0.0499 **	0.0773 ***	−0.0326 *
	(0.0007)	(0.0120)	(0.0040)	(0.0933)
性别	−0.0461 ***	0.0061	−0.0526 ***	0.0218 **
	(0.0015)	(0.5742)	(0.0004)	(0.0366)
是否有医疗保险	−0.0348	1.0395 ***	−0.1690 *	0.9815 ***
	(0.6911)	(0.0000)	(0.0811)	(0.0000)
是否属于缴费困难群体	−0.0844 **	0.0611 **	−0.0786 *	−0.0010
	(0.0337)	(0.0409)	(0.0964)	(0.9763)

续表

解释变量	2017 年		2015 年	
	结果方程	选择方程	结果方程	选择方程
31~45 岁	0.2185***	0.6279***	0.2720***	0.5093***
	(0.0000)	(0.0000)	(0.0000)	(0.0000)
46~59 岁	0.2680***	1.0855***	0.3530***	0.8751***
	(0.0000)	(0.0000)	(0.0000)	(0.0000)
中等收入组	0.0029	0.0357	0.0336	0.0737***
	(0.9367)	(0.1925)	(0.3861)	(0.0078)
高收入组	0.1989***	0.0456*	0.1571***	0.0927***
	(0.0000)	(0.0990)	(0.0001)	(0.0009)
中部	-0.1584***	0.0220	-0.0625	0.2302***
	(0.0006)	(0.5800)	(0.2150)	(0.0000)
西部	0.0487	0.0287	0.1659***	0.1994***
	(0.3425)	(0.5350)	(0.0043)	(0.0000)
切点 1	4.6868***	—	7.9162***	—
	(0.0000)	—	(0.0000)	—
切点 2	5.0989***	—	8.1439***	—
	(0.0000)	—	(0.0000)	—
切点 3	5.2316***	—	8.1830***	—
	(0.0000)	—	(0.0000)	—
切点 4	5.2833***	—	8.2403***	—
	(0.0000)	—	(0.0000)	—
常数项	—	-3.4759***	—	-3.1284***
	—	(0.0000)	—	(0.0000)
样本容量	31967		32552	

续表

解释变量	2017 年		2015 年	
	结果方程	选择方程	结果方程	选择方程
方程总体显著性检验	WaldX^2（13）= 1298.80、 P = 0.0000		WaldX^2（13）= 844.82、 P = 0.0000	
方程独立性 wald 检验	X^2（1）= 7.60、P = 0.0058		X^2（1）= 17.30、P = 0.0000	

附表 3.2　Heckoprobit 模型的边际效应（2017 年）

解释变量	缴费档次				
	1	2	3	4	5
上一期参照组缴费额的众数（对数）	-0.1643***	0.0451***	0.0148***	0.0056***	0.0988***
	(0.0000)	(0.0000)	(0.0000)	(0.0000)	(0.0000)
城镇化率	-0.5460***	0.1499***	0.0491***	0.0186***	0.3284***
	(0.0000)	(0.0000)	(0.0000)	(0.0000)	(0.0000)
受教育年限	-0.0069***	0.0019***	0.0006***	0.0002***	0.0042***
	(0.0000)	(0.0000)	(0.0000)	(0.0000)	(0.0000)
健康状况	-0.0258***	0.0071***	0.0023***	0.0009***	0.0155***
	(0.0008)	(0.0007)	(0.0009)	(0.0013)	(0.0009)
性别	0.0138***	-0.0038***	-0.0012***	-0.0005***	-0.0083***
	(0.0016)	(0.0016)	(0.0018)	(0.0023)	(0.0017)
是否有医疗保险	0.0104	-0.0029	-0.0009	-0.0004	-0.0062
	(0.6926)	(0.6906)	(0.6917)	(0.6919)	(0.6937)
是否属于缴费困难群体	0.0252**	-0.0069**	-0.0023**	-0.0009**	-0.0152**
	(0.0346)	(0.0334)	(0.0358)	(0.0381)	(0.0358)
31~45 岁	-0.0625***	0.0182***	0.0058***	0.0022***	0.0364***
	(0.0000)	(0.0000)	(0.0000)	(0.0000)	(0.0000)

续表

解释变量	缴费档次				
	1	2	3	4	5
46~59 岁	-0.0779***	0.0222***	0.0071***	0.0027***	0.0459***
	(0.0000)	(0.0000)	(0.0000)	(0.0000)	(0.0000)
中等收入组	-0.0008	0.0002	0.0001	0.0000	0.0005
	(0.9367)	(0.9368)	(0.9367)	(0.9367)	(0.9367)
高收入组	-0.0604***	0.0163***	0.0054***	0.0021***	0.0366***
	(0.0000)	(0.0000)	(0.0000)	(0.0000)	(0.0000)
中部	0.0467***	-0.0133***	-0.0043***	-0.0016***	-0.0275***
	(0.0011)	(0.0006)	(0.0009)	(0.0018)	(0.0015)
西部	-0.0153	0.0040	0.0013	0.0005	0.0095
	(0.3389)	(0.3411)	(0.3428)	(0.3391)	(0.3380)

附表 3.3　Heckoprobit 模型的边际效应（2015 年）

解释变量	缴费档次				
	1	2	3	4	5
上一期参照组缴费额的众数（对数）	-0.3226***	0.0637***	0.0107***	0.0154***	0.2328***
	(0.0000)	(0.0000)	(0.0000)	(0.0000)	(0.0000)
城镇化率	-0.3406***	0.0672***	0.0113***	0.0163***	0.2458***
	(0.0000)	(0.0000)	(0.0000)	(0.0000)	(0.0000)
受教育年限	-0.0036***	0.0007***	0.0001***	0.0002***	0.0026***
	(0.0009)	(0.0009)	(0.0019)	(0.0014)	(0.0009)
健康状况	-0.0194***	0.0038***	0.0006***	0.0009***	0.0140***
	(0.0049)	(0.0044)	(0.0073)	(0.0056)	(0.0053)

续表

解释变量	缴费档次				
	1	2	3	4	5
性别	0.0132***	-0.0026***	-0.0004***	-0.0006***	-0.0095***
	(0.0005)	(0.0005)	(0.0012)	(0.0009)	(0.0006)
是否有医疗保险	0.0424*	-0.0084*	-0.0014*	-0.0020*	-0.0306
	(0.0961)	(0.0858)	(0.0968)	(0.0922)	(0.1001)
是否属于缴费困难群体	0.0197*	-0.0039*	-0.0007	-0.0009	-0.0142*
	(0.0981)	(0.0978)	(0.1035)	(0.1020)	(0.0987)
31~45岁	-0.0631***	0.0133***	0.0022***	0.0031***	0.0444***
	(0.0000)	(0.0000)	(0.0000)	(0.0000)	(0.0000)
46~59岁	-0.0851***	0.0174***	0.0029***	0.0041***	0.0606***
	(0.0000)	(0.0000)	(0.0000)	(0.0000)	(0.0000)
中等收入组	-0.0081	0.0017	0.0003	0.0004	0.0057
	(0.3849)	(0.3861)	(0.3881)	(0.3866)	(0.3847)
高收入组	-0.0397***	0.0078***	0.0013***	0.0019***	0.0287***
	(0.0001)	(0.0001)	(0.0004)	(0.0002)	(0.0001)
中部	0.0149	-0.0031	-0.0005	-0.0007	-0.0106
	(0.2286)	(0.2200)	(0.2312)	(0.2292)	(0.2317)
西部	-0.0436***	0.0082***	0.0014***	0.0020***	0.0320***
	(0.0033)	(0.0042)	(0.0058)	(0.0047)	(0.0032)

附录 4　Heckoprobit 模型稳健性检验的边际效应

附表 4.1　改变从众效应的测度方法 Heckoprobit 模型的边际效应（2019 年）

解释变量	缴费档次				
	1	2	3	4	5
上一期参照组缴费额的中位数（对数）	-0.1738***	0.0758***	0.0253***	0.0116***	0.0611***
	(0.0000)	(0.0000)	(0.0000)	(0.0000)	(0.0000)
城镇化率	-0.4360***	0.1901***	0.0634***	0.0291***	0.1534***
	(0.0000)	(0.0000)	(0.0000)	(0.0000)	(0.0000)
受教育年限	-0.0082***	0.0036***	0.0012***	0.0006***	0.0029***
	(0.0000)	(0.0000)	(0.0000)	(0.0000)	(0.0000)
健康状况	-0.0254***	0.0111***	0.0037***	0.0017***	0.0089***
	(0.0002)	(0.0002)	(0.0003)	(0.0004)	(0.0003)
性别	0.0113***	-0.0049***	-0.0016***	-0.0008***	-0.0040***
	(0.0035)	(0.0033)	(0.0039)	(0.0047)	(0.0038)
是否有医疗保险	-0.0589**	0.0257**	0.0086**	0.0039**	0.0207**
	(0.0123)	(0.0141)	(0.0125)	(0.0111)	(0.0112)
是否属于缴费困难群体	0.0469***	-0.0205***	-0.0068***	-0.0031***	-0.0165***
	(0.0003)	(0.0003)	(0.0004)	(0.0006)	(0.0004)
是否提高了缴费门槛	0.1611***	-0.0702***	-0.0234***	-0.0108***	-0.0567***
	(0.0000)	(0.0000)	(0.0000)	(0.0000)	(0.0000)

解释变量	缴费档次				
	1	2	3	4	5
31~45 岁	−0.0803***	0.0390***	0.0117***	0.0052***	0.0244***
	(0.0000)	(0.0000)	(0.0000)	(0.0000)	(0.0000)
46~59 岁	−0.1276***	0.0588***	0.0186***	0.0084***	0.0419***
	(0.0000)	(0.0000)	(0.0000)	(0.0000)	(0.0000)
中等收入组	−0.0313***	0.0144***	0.0046***	0.0021***	0.0103***
	(0.0004)	(0.0004)	(0.0005)	(0.0007)	(0.0004)
高收入组	−0.0628***	0.0278***	0.0092***	0.0042***	0.0217***
	(0.0000)	(0.0000)	(0.0000)	(0.0000)	(0.0000)
中部	−0.1328***	0.0605***	0.0187***	0.0084***	0.0452***
	(0.0000)	(0.0000)	(0.0000)	(0.0000)	(0.0000)
西部	−0.1371***	0.0622***	0.0193***	0.0087***	0.0469***
	(0.0000)	(0.0000)	(0.0000)	(0.0000)	(0.0000)

附表4.2　去掉城镇化率最高和最低的省份 Heckoprobit 模型的边际效应（2019年）

解释变量	缴费档次				
	1	2	3	4	5
上一期参照组缴费额的众数（对数）	−0.1898***	0.0814***	0.0283***	0.0130***	0.0671***
	(0.0000)	(0.0000)	(0.0000)	(0.0000)	(0.0000)
城镇化率	−0.5098***	0.2187***	0.0761***	0.0349***	0.1801***
	(0.0000)	(0.0000)	(0.0000)	(0.0000)	(0.0000)
受教育年限	−0.0086***	0.0037***	0.0013***	0.0006***	0.0030***
	(0.0000)	(0.0000)	(0.0000)	(0.0000)	(0.0000)

解释变量	缴费档次				
	1	2	3	4	5
健康状况	-0.0262 ***	0.0113 ***	0.0039 ***	0.0018 ***	0.0093 ***
	(0.0005)	(0.0004)	(0.0005)	(0.0008)	(0.0006)
性别	0.0102 **	-0.0044 **	-0.0015 **	-0.0007 **	-0.0036 **
	(0.0143)	(0.0139)	(0.0151)	(0.0168)	(0.0153)
是否有医疗保险	-0.0450 *	0.0193 *	0.0067 *	0.0031 *	0.0159 *
	(0.0689)	(0.0750)	(0.0688)	(0.0643)	(0.0645)
是否属于缴费困难群体	0.0501 ***	-0.0215 ***	-0.0075 ***	-0.0034 ***	-0.0177 ***
	(0.0006)	(0.0006)	(0.0007)	(0.0010)	(0.0008)
是否提高了缴费门槛	0.1705 ***	-0.0731 ***	-0.0254 ***	-0.0117 ***	-0.0602 ***
	(0.0000)	(0.0000)	(0.0000)	(0.0000)	(0.0000)
31~45 岁	-0.0762 ***	0.0363 ***	0.0114 ***	0.0050 ***	0.0234 ***
	(0.0000)	(0.0000)	(0.0000)	(0.0000)	(0.0000)
46~59 岁	-0.1228 ***	0.0555 ***	0.0184 ***	0.0083 ***	0.0407 ***
	(0.0000)	(0.0000)	(0.0000)	(0.0000)	(0.0000)
中等收入组	-0.0323 ***	0.0146 ***	0.0048 ***	0.0022 ***	0.0107 ***
	(0.0009)	(0.0009)	(0.0010)	(0.0014)	(0.0010)
高收入组	-0.0647 ***	0.0282 ***	0.0097 ***	0.0044 ***	0.0224 ***
	(0.0000)	(0.0000)	(0.0000)	(0.0000)	(0.0000)
中部	-0.1095 ***	0.0499 ***	0.0160 ***	0.0072 ***	0.0364 ***
	(0.0000)	(0.0000)	(0.0000)	(0.0000)	(0.0000)
西部	-0.1482 ***	0.0646 ***	0.0216 ***	0.0098 ***	0.0522 ***
	(0.0000)	(0.0000)	(0.0000)	(0.0000)	(0.0000)

参考文献

[1] A. Ando, F. Modigliani. The "Life Cycle" Hypothesis of Saving: Aggregate Implications and Tests [J]. American Economic Review, 1963, 53 (1): 55-84.

[2] A. Ebenstein, S. Leung. Son Preference and Access to Social Insurance: Evidence from China's Rural Pension Program [J]. Population and Development Review, 2010, 36 (1): 47-70.

[3] A. H. Munnell, A. Sundén, C. Taylor. What Determines 401 (k) Participation and Contributions? [J]. Social Security Bulletin, 2001, 64 (3): 64-75.

[4] A. H. Munnell, F. O. Yohn. What is the Impact of Pensions on Saving? [A]//A. H. Munnell, F. O. Yohn. Pensions and the Economy: Sources, Uses, and Limitations of Data [C]. Philadelphia: University of Pennsylvania Press, 1992: 115-139.

[5] A. J. Auerbach, M. Feldstein. Handbook of Public Economics, Volume4 [M]. Amsterdam: North Holland, 2002: 2248.

[6] B. D. Bernheim, D. M. Garrett. The Determinants and Consequences of Financial Education in the Workplace: Evidence from a Survey of Households [J]. Ssrn Electronic Journal, 1996, 47: 605-624.

[7] C. F. Manski. Identification of Endogenous Social Effects: The Reflection Problem [J]. The Review of Economic Studies, 1993, 60 (3): 531-542.

[8] C. M. Eline, D. H. Van. The Economics of Pensions and Variable Retirement Schemes: Oliver Fabel [M]. Chichester: Wiley, 1994: 211.

[9] C. Mesa-Lago. Social Security in Latin America: Pressure Groups, Stratification, and Inequality [M]. Pittsburgh: University of Pittsburgh Press, 1978: 65.

[10] D. Blake. Pension Economics [M]. West Sussex: John Wiley, 2006: 31.

[11] D. C. North. Institutions, Institutional Change and Economic Performance [M]. Cambridge: Cambridge University Press, 1990: 36-46.

[12] D. D. Bernheim. Financial Illiteracy, Education, and Retirement Saving [R]. Philadelphia: Wharton School Pension Research Council, University of Pennsylvania , 2000.

[13] E. Aronson. The Social Animal [M]. San Francisco: W. H. Freeman and Company, 1972: 13-25.

[14] E. Duflo, E. Saez. Participation and Investment Decisions in a Retirement Plan: The Influence of Colleagues' Choices [J]. Journal of Public Economics, 2002, 85 (1): 121-148.

[15] E. Fornero, C. Monticone. Financial Literacy and Pension Plan Participation in Italy [J]. Journal of Pension Economics and Finance, 2011, 10 (4): 547-564.

[16] F. B. Christopher. An Introduction to Modern Econometrics Using Stata [M]. Texas: Stata Press, 2006: 309-312.

[17] F. Chybalski, E. Marcinkiewicz. The Replacement Rate: An Imperfect Indicator of Pension Adequacy in Cross-Country Analyses [J]. Social Indi-

cators Research, 2016, 126 (1): 99-117.

[18] F. M. Bator. The Anatomy of Market Failure [J]. Quarterly Journal of Economics, 1958, 72 (3): 351-379.

[19] F. Modigliani, R. E. Brumberg. Utility Analysis and the Consumption Function: An Interpretation of Cross-Section Data [J]. Journal of Post Keynesian Economics, 1954, 6: 388-436.

[20] G. D. Luca, V. Perotti. Estimation of Ordered Response Models with Sample Selection [J]. The Stata Journal, 2011, 11 (2): 213-239.

[21] G. Huberman, S. S. Iyengar, W. Jiang. Defined Contribution Pension Plans: Determinants of Participation and Contributions Rates [J]. Journal of Financial Services Research, 2007, 31 (1): 1-32.

[22] H. A. Simon. Administrative Behavior [M]. New York: Macmillan, 1947.

[23] H. Benjamin. Economic Development: Problems, Principles and Policies (Revised) [M]. New York: W. W. Norton and Company Inc., 1968: 65.

[24] H. Leibenstein. Bandwagon, Snob, and Veblen Effects in the Theory of Conspicuous Demand [J]. Quarterly Journal of Economics, 1950, 64: 183-207.

[25] J. B. Williamson, F. C. Pampel. Old-Age Security in Comparative Perspective [M]. New York: Oxford University Press, 1993: 5-19.

[26] J. Creedy, R. Disney. Social Insurance in Transition—An Economic Analysis [M]. London: Clarendon Press, 1985: 14-18.

[27] J. J. Heckman. The Common Structure of Statistical Models of Trun-

cation, Sample Selection and Limited Dependent Variables and a Simple Esti-mator for Such Models [J]. NBER Chapters, 1976, 5 (4): 475-492.

[28] J. R. Agnew, L Szykman, S. P. Utkusl. Literacy, Trust and 401 (k) Savings Behavior [R]. Boston: Center for Retirement Research, 2007.

[29] J. S. Duesenberry. Income, Saving, and the Theory of Consumer Behavior [M]. Cambridge: Harvard University Press, 1949: 19-28.

[30] K. Schulte, U. Zirpel. Betting on a Long Life: The Role of Subjec-tive Life Expectancy in the Demand for Private Pension Insurance of German Households [R]. Kiel: Kiel University, 2010.

[31] L. L. D. Araujo. Extension of Social Security to Rural Workers in Mexico [J]. International Labour Review, 1973 (58): 127-142.

[32] M. Deutsch, H. B. Gerard. A Study of Normative and Informational Social Influences upon Individual Judgement [J]. Journal of Abnormal Psychol-ogy, 1955, 51 (1): 629-636.

[33] M. Gorman. Securing Old Age: The Case for Social Pensions in Developing Countries [J]. Public Finance and Management, 2005, 5 (2): 310-330.

[34] M. Góra. Retirement Decisions, Benefits and the Neutrality of Pen-sion Systems [R]. ENEPRI: Research Report, 2008.

[35] M. Sherif. Conformity – Deviation, Norms, and Group Relations [A]//I. A. Berg and B. M. Bass, Social Interaction: Process and Products [C]. New York: Harper and Row, 1961: 164-189.

[36] N. Barr. The Economics of the Welfare State [M]. Stanford: Stan-ford University Press, 1987: 469.

[37] O. Hove. Social Assistance in OECD Countries: Synthesis Report [R]. London: HSMO-Department of Social Security, 1996.

[38] P. A. Diamond. A Framework for Social Security Analysis [J]. Journal of Public Economics, 1977, 8 (3): 275-298.

[39] P. A. Samuelson. An Exact Consumption–Loan Model of Interest With or Without the Social Contrivance of Money [J]. Journal of Political Economy, 1958, 66 (6): 467-482.

[40] P. Diamond, N. Barr. The Economics of Pensions [J]. Oxford Review of Economics Policy, 2006, 22 (1): 15-39.

[41] P. Diamond. National Debt in a Neoclassical Growth Model [J]. American Economic Review, 1965 (55): 1126-1150.

[42] P. M. M. Wynand, D. V. Van, B. Praag. The Demand for Deductibles in Private Health Insurance: A Probit Model with Sample Selection [J]. Journal of Econometrics, 1981, 17 (2): 229-252.

[43] R. J. Palacios, O. Sluchynsky. Social Pensions Part I: Their Role in the Overall Pension System [R]. Washington D. C. : World Bank Group, 2006.

[44] S. D. Chun, W. Sun, Y. C. Chun. Low Pension Participation among Minority Workers in the U. S. [J]. International Journal of Financial Research, 2015, 6 (4): 134-142.

[45] S. N. Durlauf, Y. M. Ioannides. Social Interactions [J]. Annual Review of Economics, 2010, 2 (1): 451-478.

[46] W. E. Even, D. A. Macpherson. The Changing Distribution of Pension Coverage the Changing Distributionof Pension Coverage [J]. Industrial Re-

lations：A Journal of Economy and Society，2000，39（2）：199-227.

［47］W. F. Bassett，M. J. Fleming，A. P. Rodrigues. How Workers Use 401（k）Plans：The Participation，Contribution，and Withdrawal Decisions ［J］. National Tax Journal，1998，51（2）：263-289.

［48］World Bank. Averting the Old Age Crisis：Policies to Protect the Old and Promote Growth ［M］. New York：Oxford University Press，1994：80-97.

［49］Zhao Chuanmin，Qu Xi. Peer Effects in Pension Decision-Making：Evidence from China's New Rural Pension Scheme ［J］. Labour Economics，2021，69（2）：10978.

［50］白维军.家庭养老的风险标识及其治理 ［J］.社会保障评论，2021，5（4）：104-117.

［51］保罗·舒尔茨.人口结构和储蓄：亚洲的经验证据及其对中国的意义 ［J］.经济学（季刊），2005（3）：991-1018.

［52］曹建美.收入不平等、礼金支出与农户消费 ［D］.山西财经大学，2017.

［53］常芳，杨矗，王爱琴，王欢，罗仁福，史耀疆.新农保实施现状及参保行为影响因素——基于5省101村调查数据的分析 ［J］.管理世界，2014（3）：92-101.

［54］陈磊，孙天骄.《中华人民共和国劳动保险条例》——奠定我国社会保险事业的基础 ［N］.法治日报，2021-06-16（08）.

［55］陈强.高级计量经济学及Stata应用（第二版）［M］.北京：高等教育出版社，2014：169-177.

［56］陈志国.发展中国家农村养老保障构架与中国农村养老保险模

式选择 [J]. 改革, 2005 (1): 56-63.

[57] 程杰.农户养老保险参保水平选择的影响因素研究——对成都市农户的抽样调查分析 [J]. 西部论坛, 2014, 24 (3): 15-25.

[58] 邓大松, 刘远风.制度替代与制度整合: 基于新农保的规范分析 [J]. 经济学家, 2011, 12 (4): 71-77.

[59] 邓大松, 薛惠元.新型农村社会养老保险制度推行中的难点分析——兼析个人、集体和政府的筹资能力 [J]. 经济体制改革, 2010a (1): 86-92.

[60] 邓大松, 薛惠元.新型农村社会养老保险替代率的测算与分析 [J]. 山西财经大学学报, 2010b, 32 (4): 8-13.

[61] 邓大松.可持续发展的中国新型农村社会养老保险制度研究 [M]. 北京: 经济科学出版社, 2014: 101-122.

[62] 邓大松.社会保险 [M]. 北京: 中国劳动社会保障出版社, 2015: 35.

[63] 邓道才, 蒋智陶.知沟效应、政策认知与新农保最低档次缴费困境——基于安徽调查数据的实证分析 [J]. 江西财经大学学报, 2014 (1): 90-97.

[64] 董克用, 张栋.高峰还是高原? ——中国人口老龄化形态及其对养老金体系影响的再思考 [J]. 人口与经济, 2017 (4): 43-53.

[65] 董丽, 陈燕平.风险偏好与新农保缴费档次选择 [J]. 统计与信息论坛, 2016, 31 (5): 83-89.

[66] 封铁英, 高鑫.路径依赖与路径创造: 中国养老保险制度变迁逻辑 [J]. 经济社会体制比较, 2020 (5): 58-67.

[67] 封铁英, 李梦伊.新型农村社会养老保险基金收支平衡模拟与

预测——基于制度风险参数优化的视角［J］.公共管理学报，2010，7（4）：100-110.

［68］甘犁，尹志超，贾男，等.中国家庭资产状况及住房需求分析［J］.金融研究，2013（4）：1-14.

［69］韩振燕，柳汀.家庭养老非正式制度演变及价值驱动［J］.江淮论坛，2021（1）：141-146.

［70］杭斌，曹建美.中国农户的人情支出行为研究——基于收入不平等和社会地位寻求视角［J］.统计与信息论坛，2017，32（5）：116-122.

［71］杭斌.习惯形成下的农户缓冲储备行为［J］.经济研究，2009，44（1）：96-105.

［72］贺蕊玲.浅析新农保与老农保的区别［J］.经济与社会发展，2010，8（12）：29-31.

［73］黄宏伟，展进涛.收入水平、成员结构与农户新农保参加行为——基于全国30省（区、市）4748户农户数据的实证分析［J］.中国农村经济，2012（12）：62-70.

［74］贾宁，袁建华.基于精算模型的"新农保"个人账户替代率研究［J］.中国人口科学，2010（3）：97-104.

［75］蒋云赟.我国新型农村养老保险对财政体系可持续性的影响研究——基于代际核算方法的模拟分析［J］.财经研究，2011（12）：4-15.

［76］乐章.现行制度安排下农民的社会养老保险参与意向［J］.中国人口科学，2004（5）：40-47.

［77］李冬妍."新农保"制度：现状评析与政策建议［J］.南京大

学学报（哲学·人文科学·社会科学版），2011（1）：30-39.

[78] 李炅宇.现收现付制度下养老保险的均衡分析 [J].数量经济技术经济研究，1999（8）：37-39.

[79] 李绍光.养老金制度与资本市场 [M].北京：中国发展出版社，1998：9-30.

[80] 李云峰，徐书林.金融知识与新农保参与行为 [J].中南财经政法大学学报，2020（4）：96-107.

[81] 梁春贤.论我国新农保制度下养老基金的运营 [J].财政研究，2010（2）：69-71.

[82] 林宝.养老模式转变的基本趋势及我国养老模式的选择 [J].广西社会科学，2010（5）：124-127.

[83] 林宝.中国家庭变迁与养老社会化 [J].人民论坛，2021（36）：62-65.

[84] 林义.社会保险制度分析引论 [M].成都：西南财经大学出版社，1997：23-31.

[85] 刘从龙.推动城乡居民基本养老保险事业高质量发展 [N].学习时报，2022-01-10（07）.

[86] 刘芳，毕可影.社会保障制度史 [M].上海：上海交通大学出版社，2018：2.

[87] 刘继同.社会福利与社会保障界定的"国际惯例"及其中国版涵义 [J].学术界，2003（2）：57-66.

[88] 刘苓玲，李培.养老保险制度收入再分配效应文献综述 [J].社会保障研究，2012（2）：58-69.

[89] 刘影春.农村社会养老保险制度建设的国际经验及启示 [D].

华中师范大学，2013.

[90] 卢海元.我国新型农村社会养老保险制度试点问题研究 [J]. 毛泽东邓小平理论研究，2010 (6)：1-8.

[91] 鲁欢.新农保最低缴费档次"受宠"原因及对策分析——基于对辽宁省阜新市彰武县 400 户农户调查的研究 [J]. 社会保障研究，2012 (2)：20-28.

[92] 鲁全.居民养老保险：参保主体、筹资与待遇水平 [J]. 社会保障评论，2020，4 (1)：19-34.

[93] 马红鸽.个人禀赋、社会信任与新农保参与研究——基于新农保参与过程选择的视角 [J]. 统计与信息论坛，2016，31 (3)：44-51.

[94] 马明.农村养老模式的国际比较及其借鉴 [J]. 华东经济管理，2014，28 (5)：37-40.

[95] 穆怀中，闫琳琳.新型农村养老保险参保决策影响因素研究 [J]. 人口研究，2012，36 (1)：73-82.

[96] 聂建亮，钟涨宝.新农保养老保障能力的可持续研究——基于农民参保缴费档次选择的视角 [J]. 公共管理学报，2014，11 (3)：70-79.

[97] 蒲晓红，王雅，赵海堂.基本养老保险、人情消费与农村居民风险感知——基于正式制度与非正式制度视角的比较分析 [J]. 经济社会体制比较，2022 (1)：105-116.

[98] 钱振伟，卜一，张艳.新型农村社会养老保险可持续发展的仿真评估：基于人口老龄化视角 [J]. 经济学家，2012 (8)：58-65.

[99] 钱振伟，王翔，张艳.新型农村社会养老保险经办服务体系研究：基于政府购买服务理论视角 [J]. 农业经济问题（月刊），2011

（2）：59-62.

[100] 曲哲涵，李红梅，李心萍.织就世界最大的社会保障网（"十三五"，我们这样走过）[N].人民日报，2021-02-12（01）.

[101] 尚晓援."社会福利"与"社会保障"再认识 [J].中国社会科学，2001（3）：113-121.

[102] 石绍宾，樊丽明，王媛.影响农民参加新型农村社会养老保险的因素——来自山东省入户调查的证据 [J].财贸经济，2009（11）：42-48.

[103] 苏保忠.中国农村养老问题研究 [M].北京：清华大学出版社，2009：168-169.

[104] 孙启泮.新型农村社会养老保险路径选择探讨 [J].青岛农业大学学报（社会科学版），2014，26（1）：11-14+29.

[105] 陶东杰，王军鹏，赵奎.中国农村宗族网络对新农保参与的影响——基于CFPS的实证研究 [J].湖南农业大学学报（社会科学版），2019，20（3）：44-51.

[106] 王翠琴，薛惠元.新型农村社会养老保险与相关制度衔接问题初探 [J].经济体制改革，2011（4）：81-85.

[107] 王存同.进阶回归分析 [M].北京：高等教育出版社，2017：252.

[108] 王国辉，陈洋，魏红梅.新农保最低档缴费困境研究——基于辽宁省彰武县新农保的调查 [J].经济经纬，2013（2）：44-48.

[109] 王海江.影响农民参加社会养老保险的因素分析——以山东、安徽省六村农民为例 [J].中国人口科学，1998（6）：37-45.

[110] 王凯.我国农村社会保障体系中的非正式保险制度 [J].四川

大学学报（哲学社会科学版），2004（6）：5-10.

[111] 王丽.城镇化对城乡居民养老保险全覆盖的影响效应分析 [J].河北学刊，2015，35（2）：150-153.

[112] 王亮.城乡居民养老保险 [M].石家庄：河北人民出版社，2016：23-37.

[113] 王鹏，米红，张田田.中国新型农村社会养老保险制度优化与长期均衡发展研究——基于待遇调整的视角 [J].统计与信息论坛，2012，27（11）：32-38.

[114] 王晓洁，王丽.财政分权、城镇化与城乡居民养老保险全覆盖——基于中国2009-2012年省级面板数据的分析 [J].财贸经济，2015（11）：75-87.

[115] 王晓洁，杨鹏展.城乡居民养老保险中农民决策选择的行为偏差 [J].河北大学学报（哲学社会科学版），2017，42（6）：109-117.

[116] 吴罗发.中部地区农民社会养老保险参与意愿分析——以江西省为例 [J].农业经济问题，2008（4）：65-68.

[117] 吴玉锋.新型农村社会养老保险参与行为实证分析——以村域社会资本为视角 [J].中国农村经济，2011（10）：64-76.

[118] 徐强.农民社会养老保险制度的公共投入优化研究 [M].北京：经济管理出版社，2015：90-115.

[119] 薛惠元，邓大松.新农保基金入市及资产配置比例模拟分析 [J].江西财经大学学报，2012（4）：57-62.

[120] 薛惠元.新型农村社会养老保险财政保障能力可持续性评估——基于政策仿真学的视角 [J].中国软科学，2012（5）：68-79.

[121] 阳义南，唐鸿鸣.破解"新农保"象征性缴费陷阱——基于

"大饥荒"经历的经验证据［J］. 科学决策，2018（7）：45-62.

［122］杨翠迎，庹国柱. 建立农民社会养老年金保险计划的经济社会条件的实证分析［J］. 中国农村观察，1997（5）：55-59.

［123］杨娟. 非缴费型养老金制度研究述评［J］. 经济学动态，2010（4）：121-125.

［124］姚俊. 新型农村社会养老保险的制度困境分析：嵌入性的视角［J］. 学海，2013（5）：74-78.

［125］于长永. 他们在担心什么？——脆弱性视角下农村老年人的养老风险与养老期望探究［J］. 华中科技大学学报（社会科学版），2018，32（1）：22-31.

［126］于建华. 基于基金收支视角的城乡一体化基本养老保险制度研究［D］. 山东农业大学，2016.

［127］余桔云. 养老保险：理论与政策［M］. 上海：复旦大学出版社，2015：15+38-39.

［128］袁志刚，宋铮. 人口年龄结构、养老保险制度与最优储蓄率［J］. 经济研究，2000（11）：24-32+79.

［129］袁志刚. 养老保险经济学［M］. 上海：上海人民出版社，2005：30-31.

［130］张川川，陈斌开. "社会养老"能否替代"家庭养老"？——来自中国新型农村社会养老保险的证据［J］. 经济研究，2014，49（11）：102-115.

［131］张川川，朱涵宇. 新型农村社会养老保险参与决策中的同群效应［J］. 金融研究，2021（9）：111-130.

［132］张广科，祝月明. 农户"城乡居保"参保缴费行为逻辑及其治

理［J］.中州学刊，2019（2）：67-72.

［133］张国海，阳慧.制度缺憾、有限理性与城乡居民养老保险缴费［J］.经济问题，2019（12）：52-59.

［134］张华初，吴钟健.新型农村社会养老保障财政投入分析［J］.经济评论，2013（2）：51-57.

［135］张欢.中国社会保险逆向选择问题的理论分析与实证研究［J］.管理世界，2006（2）：41-49.

［136］张明丽，李方，秦笑梅.我国退休制度的历史沿革与创新发展研究［J］.湖北社会科学，2011（7）：50-52.

［137］张宁，李旷奇，樊毅，刘中海.时间偏好、收入水平与农民参保积极性——对中部两县农民参加社会养老保险的行为分析［J］.农业技术经济，2017（7）：60-70.

［138］张宁，李旷奇.政府补贴能提高农民的养老保险缴费积极性吗？——基于增量贴现效用模型的模拟分析［J］.经济科学，2020（3）：123-136.

［139］赵德余，梁鸿.农民参与社会养老保险行为选择及其保障水平的因素分析——来自上海郊区村庄层面的经验［J］.中国人口科学，2009（1）：88-96.

［140］赵福昌.1935年美国《社会保障法案》的出台及启示［J］.地方财政研究，2005（4）：53-56.

［141］郑秉文，和春雷.社会保障分析导论［M］.北京：法律出版社，2001：3.

［142］郑秉文."城居保"和"新农保"制度类似［J］.农业科技与信息，2014（5）：10.

[143] 郑秉文.非缴费型养老金："艾伦条件"下农村养老保险制度变迁与改革出路 [J]. 社会科学文摘，2020（6）：51-55.

[144] 郑秉文.夯实养老金应对老龄化 [N]. 人民政协报，2021-03-09（009）.

[145] 郑秉文.机关事业单位养老金并轨改革：从"碎片化"到"大一统"[J]. 中国人口科学，2015（1）：2-14+126.

[146] 郑功成.社会保障学：理念、制度、实践与思辨 [M]. 北京：商务印书馆，2000：11.

[147] 郑功成.中国社会保障制度变迁与评估 [M]. 北京：中国人民大学出版社，2002：79.

[148] 郑红，李英，李勇.引入社区货币对互助养老时间储蓄的作用机理——应对人口老龄化的金融创新 [J]. 财经研究，2019，45（5）：72-83+98.

[149] 郑沃林，吴剑辉，郑荣宝.养老观念、健康状况预期、社会公平感知对农民社会养老保险参保行为的影响 [J]. 经济经纬，2020（1）：41-49.

[150] 郑雄飞，黄一倬.社会公平感知对农村养老保险参与行为的影响——基于中国综合社会调查（CGSS）的实证研究 [J]. 社会保障研究，2020（5）：3-18.

[151] 周爱民，姜耀辉，田利.中国养老保障制度的改革和发展 [M]. 北京：经济科学出版社，2017：93-96.

[152] 朱波.社会养老保险对中国城镇居民消费的影响研究 [D]. 太原：山西财经大学，2015.